Das heilsame Zuhause

Heilung und Befreiung
mit Kindern und Jugendlichen

Daniel und Esther Baumgartner

Bethesda Heilungsdienst

Titel: Das heilsame Zuhause: Heilung und Befreiung mit Kindern und Jugendlichen
1. Auflage

Copyright: © 2019 Daniel und Esther Baumgartner. Alle Rechte vorbehalten.

Das Werk, einschliesslich all seiner Teile, ist urheberrechtlich geschützt. Jede Verwertung ist ohne Zustimmung des Herausgebers und der Autoren unzulässig. Dies gilt insbesondere für die elektronische oder sonstige Vervielfältigung, Uebersetzung, Verbreitung und öffentliche Zugänglichmachung. Das Kopieren von Inhalten zum persönlichen Gebrauch ist gestattet. Für die Gruppenarbeit bitte stets die Quelle und Bezugsadresse bzw. Webseite angeben.

Originaltitel: Parents Empowered: Healing and deliverance with kids and teens
Copyright © 2019, Daniel and Esther Baumgartner.

Übersetzung: Daniel Baumgartner

Druck: ISBN 978-3-9525127-4-6

Ebook: ISBN 978-3-9525127-5-3

Herausgeber: Verein Bethesda Heilungsdienst
Stapferstrasse 29
8006 Zürich
Schweiz
info@bethesda-heilungsdienst.ch

Vertrieb: Siehe Internet für aktuelle Informationen
Internet: www.bethesda-heilungsdienst.ch

Bibelzitate: Bibeltext der Schlachter
Copyright © 2000 Genfer Bibelgesellschaft
Wiedergegeben mit freundlicher Genehmigung. Alle Rechte vorbehalten.

Design: David M. Taylor, SoundsWrite GmbH, Schweiz. www.soundswrite.ch

Buchillustration: Claudia Huber, www.claudiahuber-illustration.de

Lektorat: Dominic Schläpfer

Haftungsausschluss: Die in den Beispielen genannten Namen von Kindern, Jugendlichen und Erwachsenen wurden geändert, um ihre Privatsphäre zu schützen. Die fiktiven Namen Noah, Nick, Anna und Marie wurden für dieses Buch erschaffen. Ihre geschilderten Erfahrungen gründen auf den unsrigen im Gebetsdienst. Wenn nicht anders angegeben, können die Beispiele für Kinder auch für Teenager angewandt werden. Eltern sind dafür verantwortlich, das Material an das Alter, den Entwicklungsstand und die individuelle Situation ihres Kindes anzupassen.

Dies ist ein Selbsthilfebuch mit Ratschlägen zur Elternschaft. Es setzt eine geistliche Weltanschauung voraus, die mit den Lehren des Neuen Testaments übereinstimmt. Das Befreiungsgebet wurde und wird von den Nachfolgern Christi über alle Zeiten hinweg praktiziert. Es war schon immer ein kontroverses Thema. Leser sollen ein gesundes Urteilsvermögen einsetzen, um den Inhalt dieses Buches anwenden und anderen kommunizieren zu können. Die Autoren und der Verein Bethesda Heilungsdienst lehnen jegliche Haftung ab für Probleme, die auf fehlerhafte Anwendung der in diesem Buch gegebenen Informationen und Ratschläge zurückzuführen sind.

Die Autoren betonen die Wichtigkeit, dass zwischen geistlichen, emotionalen und körperlichen Aspekten genau unterschieden wird und sie empfehlen, den Rat einschlägiger Spezialisten, darunter Ärzte, Kinderpsychiater oder Lehrer, zu berücksichtigen.

Empfehlungen

„Das Spezielle an diesem Buch ist die Offenheit mit der die Autoren uns auf ihren persönlichen Weg mitnehmen und uns so inspirieren, dem Gebet für und mit unseren Kindern einen zentralen Platz zuzuweisen. Durch das Vermitteln von biblischen Grundlagen und untermauert durch eigene Beispiele zeigen sie auf, wie wir unseren Kindern helfen können, immer mehr in ihre gottgegebene Bestimmung zu gelangen. Ist es für uns Eltern nicht eine grosse Freude mitzuerleben, wie unsere Kinder zu starken und fröhlichen Zeugen des Evangeliums heranwachsen, von denen wir selber wieder viel lernen können! Jede Investition in unsere Kinder zahlt sich aus. Das Buch ist den Kaufpreis mehr als wert.“
– *Hanspeter und Vreni Nüesch, Campus für Christus*

„Daniel und Esther Baumgartner haben einen Leitfaden geschrieben, den Eltern unbedingt lesen sollten. Er zeigt ihnen nicht nur detaillierte praktische Möglichkeiten auf, wie sie eine gesunde Interaktion mit Ihren Kindern herstellen können, sondern umfasst auch gesalbte Lehre zur Befreiung von dämonischer Belastung, welche das Leben eines Kindes beeinträchtigen kann. Ein äußerst lesenswertes Buch!“
– *Susan Banks, Co-Autorin des Buches "Deliverance for Children and Teens“, Impact Christian Books, Inc. USA*

„Ich bewundere den Dienst, welchen Daniel und Esther seit Jahren tun, um Menschen bei der Bewältigung ihrer Probleme zu helfen, von denen viele bereits in der Kindheit begonnen haben. Ich habe ihre drei Söhne aufwachsen und gedeihen sehen, indem sie die Prinzipien dieses Buches angewandt haben.“ – *Dr. med. Pam Williams, Australien*

„Ich freue mich über dieses Buch, da es Eltern einfache Werkzeuge bietet, welche sie anwenden können, um ihren Kindern zu helfen, Verletzungen und eine Vielzahl anderer Probleme zu überwinden. Daniel und Esther setzen sich klar und kompetent mit wichtigen und schwierigen Themen auseinander. Ihre Empfehlungen und angebotenen Schritte sind biblisch fundiert und die vielen praktischen Beispiele helfen dem Leser, den Ansatz zu veranschaulichen. Die Lehre darüber, wie Kinder von dämonischen Geistern beeinflusst werden können, wenn natürliche Schutzbarrieren durchbrochen werden, ist ebenfalls sehr wichtig und zeigt die Notwendigkeit auf, mit Kindern tiefgründig zu beten.

Ich habe Daniel Baumgartner und seine Schwiegereltern Albert und Elisabeth Taylor, die Autoren von „Innere Freiheit und Gesundheit", vor vielen Jahren kennengelernt und durch sie viel Heilung erfahren. Dies hat einen echten Unterschied in meinem Leben bewirkt und ich habe das, was ich von ihnen über Heilung und Befreiung gelernt habe, mit meinen christlichen Klienten dort genutzt, wo es angebracht war.

Auch wenn Sie noch nicht mit dem Befreiungsdienst vertraut sind, empfehle ich Ihnen, diesem Buch eine Chance zu geben. Es ist unter viel Gebet entstanden und die Leser werden erleben, wie sich der Heilige Geist in ihrem eigenen Leben manifestiert, wenn sie sich durch den Leitfaden durcharbeiten." – *Dr. Mikaela Blomqvist-Lyytikäinen, Kinder- und Jugendpsychiaterin, Finnland*

„Christliche Eltern brauchen dringend Hilfe bei der Erziehung von Kindern, welche die Kraft von Gottes Wort kennen, auf seinen Wegen wandeln und erleben, wie sie die Angriffe der aktuellen Übel der Welt besiegen können. Dieses Buch ist, anders als alles andere, was wir bisher gesehen haben, ein äußerst wichtiges Werkzeug. Die Leser werden feststellen, dass Kinder darin geschult und damit vertraut gemacht werden können, die schmerzhaften und schädlichen Erfahrungen des Lebens mit Gottes Hilfe zu überwinden. Erwachsene Kinder werden ebenso lebensverändernde Vorteile daraus ziehen, indem sie Heilung in Christus suchen. Dies ist ein Buch, welches mit Sicherheit eine grosse Signalwirkung in Gottes Königreich haben wird. Wir freuen uns auf die tiefgründige und weite Verbreitung dieses Buches." – *Jacqueline und Tanie Guy, Gründer und Leiter von Forget-Me-not-Ministries, USA*

Vorwort

Jede Mutter wäre stolz darauf, das Vorwort für das Buch der eigenen Tochter zu schreiben, da wir doch die grössten Fans unserer Kinder sind. Dieses Vorwort zu schreiben war jedoch nicht ganz einfach.

Ich wünschte mir, ich hätte alles gewusst, was in diesem Buch beschrieben wird, als Esther und ihre zwei Brüder zur Welt kamen. Stattdessen mussten mein Mann und ich vieles durch schwierige und schmerzliche Erfahrungen lernen. Als wir den Dienst der inneren Heilung und Befreiung mehr zu verstehen begannen, konnten wir einige tragische Situationen vermeiden, die wir in unserem eigenen Dienst als Missionare und Seelsorger als mögliche Gefahren erkannt hatten.

Mein verstorbener Ehemann Albert und ich haben viele Jahre mit Daniel und Esther zusammengearbeitet. Als junge Leute begleiteten sie uns auf unseren Reisen und sie lehrten und beteten für viele Menschen. In den letzten fünfundzwanzig Jahren haben sie sehr viele Menschen gesehen, die geheilt und befreit wurden. Daniel übersetzte unser eigenes Buch „Innere Freiheit und Gesundheit" auf Deutsch. Es ist ein grundlegender Bestandteil ihrer Lehre und ihrer Erziehungsmethodik. Sie erwähnen nun viele praktische Beispiele aus ihrer eigenen Erfahrung, welche den Buchinhalt lebendig werden lassen. Durch die klaren Gebetsschritte werden die Leser befähigt, ihren eigenen Kindern mit Gebet wirksam zu dienen.

Elisabeth Taylor, Mitautorin von „Innere Freiheit und Gesundheit"

Wir danken

Elisabeth Taylor und ihrem verstorbenen Ehemann Albert. Ihr wart Eltern und Grosseltern und habt uns viel gegeben. Wir haben viel von Euch gelernt. Unsere Schritte für Heilung und Befreiung für Kinder und Jugendliche haben wir auf der Grundlage Eurer Gebetsschritte erarbeitet.

David M. Taylor. Deine Unterstützung im Übersetzungsprozess war sehr wertvoll. Dein Production Design macht das Buch für die Leser zugänglich und angenehm zu lesen.

Claudia Huber. Deine humorvollen Illustrationen verleihen der Arbeit eine sehr wertvolle Dimension und erwecken die Botschaft zum Leben.

Dominic Schläpfer. Es war ein wahrer Segen, in der letzten Phase der Bearbeitung mit dir zusammenzuarbeiten. Deine positive und speditive Arbeitsweise beim Lektorat war eine grosse Hilfe.

Unseren Freunden und Partnern unseres Vereins Bethesda Heilungsdienst. Eure Liebe, Gebete und Großzügigkeit über so viele Jahre haben es uns ermöglicht, weiterzumachen.

Unseren drei Söhnen Benjamin, Samuel und Peter. Ihr seid uns alle sehr kostbar. Ihr habt uns erlaubt, über Euer Leben zu schreiben und einige Geschichten zu teilen, damit andere gesegnet werden können. Das ist sowohl mutig wie auch grosszügig.

Vor allem unserem liebenden himmlischen Vater. Er ist der Autor und Schöpfer aller Elternschaft. Die ultimative Quelle der Heilung und Befreiung. Wir können dir nicht genug dafür danken, was du für uns einzeln und als Familie getan hast. Vielen Dank, dass du uns befähigt hast, mit dir in diesem Dienst zusammenzuarbeiten.

Einleitung

Eltern zu sein war noch nie einfach, und die moderne Welt hat es nicht einfacher gemacht. Wir haben so viele verschiedene Rollen bei der Arbeit und zu Hause. Für den Beruf „Vater" oder „Mutter" sind wir jedoch nie ausgebildet worden. Man kann sich dabei leicht überfordert fühlen. Es steht viel auf dem Spiel, wenn wir im Elternsein Fehler machen. Aus diesem Grund übertragen immer mehr Eltern ihren Erziehungsauftrag an die „Experten". Das Ergebnis ist ein tragischer Verlust der Herzensbeziehung zwischen Eltern und Kindern und das schwindende Vertrauen in die christliche Erziehung.

Aber wie wäre es, wenn es einen anderen Ansatz gäbe? Angenommen, Gott hätte dich als *christliche Mutter oder christlichen Vater* einzigartig auserwählt und positioniert, um im Leben deines Kindes einen wirklichen Unterschied zu machen? Angenommen, er hätte dich mit geistlichen Werkzeugen ausgerüstet, damit du erkennen kannst, was dein Kind stört und du ihm helfen kannst, viele Probleme selbst zu lösen? Wir glauben, dass ER genau dies getan hat!

In unserem Gebetsdienst haben wir erfahren, dass viele der emotionalen, geistlichen und körperlichen Probleme, mit denen Kinder und Jugendliche heute konfrontiert werden, ihren Ursprung in drei Bereichen haben: emotionale Verletzungen, ungelöste Sünde, dämonische Belastung. Wenn diese nicht angegangen werden, können Probleme in einem dieser miteinander verbundenen Bereiche destruktives Verhalten, sowie schlechte Einstellungen und Entscheidungen provozieren – sowohl im Kindes- wie auch im Erwachsenenalter. Ein gesundes Fundament für das Leben wird jedoch erst dann gelegt, wenn Kinder lernen, schnell und effizient die Probleme in jedem dieser Bereiche zu erkennen und zu lösen.

In diesem Buch geben wir dir Schritt für Schritt eine Anleitung dafür. Wir zeigen dir auf, wie du eine Herzensbeziehung zu deinem Kind (wieder) aufbauen und wie du dein Zuhause in einen Ort gestalten kannst, wo

Heilung und Befreiung geschehen dürfen. Praktische, leicht verständliche und an das Alter angepasste geistliche Werkzeuge helfen dabei, emotionale Schmerzen bei Kindern zu heilen und ihnen zu helfen, ihre eigenen negativen Reaktionen auf Verletzungen zu überwinden. Du wirst entdecken, wie du deinem Kind helfen kannst mit Sünde umzugehen, anderen zu vergeben und Vergebung zu erhalten, ohne dass es dabei sein Selbstwertgefühl verliert. Du lernst, dämonische Angriffe auf dein Kind zu identifizieren und es davon zu befreien – damit es das Leben in vollen Zügen genießen kann.

Seit mehr als fünfundzwanzig Jahren wenden wir diese Methode an, um Kindern und Erwachsenen mit unterschiedlichem Hintergrund auf verschiedenen Kontinenten zu helfen, Probleme zu lösen und eine gesunde Lebensgrundlage zu schaffen. Die Methode hat auch massgeblich die Erziehung unserer drei Söhne geprägt, und wir haben wunderbare Resultate erleben dürfen. Wir sind davon überzeugt, dass die emotionale, physische und geistliche Gesundheit, die sie heute genießen, in erster Linie darauf zurückzuführen ist, dass wir ihnen genau die Schlüssel beigebracht haben, die wir mit dir in diesem Buch teilen.

Egal, ob du zum ersten Mal Mutter oder Vater geworden bist, deinem ungeborenen Kind den bestmöglichen Start ins Leben ermöglichen möchtest, Vater oder Mutter eines kleinen Kindes oder Jugendlichen bist, die mit Problemen zu kämpfen haben oder sonst einfach eine Funktion in der Kindererziehung einnimmst: Die in diesem Buch präsentierten Einsichten und Gebete werden deinen Erziehungsansatz revolutionieren! Die fünf Gebete fussen auf biblischer Grundlage und stehen uns durch den Glauben an Jesus Christus zur Verfügung. Sie sind einfach verständlich, simpel und effizient in der Anwendung. Du kannst sie brauchen, um deinem Kind bei der Bewältigung einer bestimmten Krise oder eines bestimmten Problems zu helfen wie z.B. ein erlebtes Trauma, ein Verlust oder das Heilen einer Krankheit. Oder du kannst sie einfach im Alltag nutzen, um deinem Kind beizubringen, geistlich und emotional fit zu bleiben. Wenn der Gebrauch dieser Werkzeuge zur Gewohnheit wird, sind sowohl du wie auch dein Kind besser auf die Herausforderungen des Lebens und auf die Erziehung vorbereitet.

Wir empfehlen, zuerst das ganze Buch durchzulesen, um sich einen Überblick über den Zusammenhang zwischen Verletzung, Sünde und dämonischer Belastung zu verschaffen. Arbeite dann jedes Kapitel anhand der gestellten Fragen durch, damit du den Buchinhalt auf deine eigene Situation anwenden kannst. Führe ein Tagebuch, um die Veränderungen in deinem Zuhause festzuhalten, welche durch die Verwendung der geistlichen Werkzeuge entstanden sind. Dies wird dich ermutigen, weiterzumachen! Unser Gebet ist, dass du, wenn du die Werkzeuge in diesem Buch entdeckst und sie immer wieder anwendest, grosse Freude beim Beobachten erlebst, wie es deinem heranwachsenden Kind körperlich und seelisch gut geht!

Übersicht der verschiedenen Gebete

Gebete bei Verletzungen

Emotionale Heilung für kleine Verletzungen

S. 60

Gebete bei falschen Reaktionen

Gesunde Reaktionen statt schädigendes Verhalten

S. 71

Gebete bei schmerzhaften Erinnerungen

Der Umgang mit schmerzvollen Erlebnissen aus der Vergangenheit

S. 76

Die Vergebungsgebete

Umkehren und Aufräumen

S.90

Die Befreiungsgebete

Befreiung / Umgang mit geistlicher Infektion

S. 111

Hilfe für dich und deine Kinder

Die in diesem Buch vorgestellten geistlichen Werkzeuge funktionieren bei Kindern jeder Altersstufe. Passe einfach die Sprache an. Du kannst zusammen mit deinem Kind zu Jesus kommen und ihm erlauben, eure Verletzungen zu heilen und ihn bitten, euch beide in die Freiheit zu führen!

Inhalt

A. Du kannst den Unterschied machen!　1

1. Gott möchte, dass es deinem Kind gut geht　2
Du kannst den Unterschied machen

2. Eine fantastische Lebensqualität　6
Das Kreuz von Jesus Christus macht es möglich

3. Geschichten vom Schlachtfeld　9
Wie wir unsere Waffen geschärft haben

4. Kämpfe heute und freue dich morgen　14
Warum Kinder Heilungs- und Befreiungsgebete brauchen

5. Gesunde Erwachsene, gesunde Kinder　17
Praktische und tiefgehende Veränderung

B. Das heilsame Zuhause　22

6. Herzensbeziehungen　24
Der Beziehung den Vorrang geben

7. Warnsignale wahrnehmen　28
Erkennen, was wirklich los ist

8. Eine christliche Denkweise　32
Kindliches Vertrauen und geistliche Wachsamkeit

9. Die Wichtigkeit der großen Fragen　37
Ehrlichen und übernatürlichen Glauben bewahren

10. Ein heilsames Zuhause schaffen　43
Zehn praktische Schritte, um deine Rolle einzunehmen

11. Die Kraft von Gottes Wort　49
Die Rolle der Bibel beim Überwinden von Problemen

C. Werkzeuge für die emotionale Heilung　54

12. Kindern zeigen, wie sie Verletzungen überwinden können　56
Das rasche Heilen von Verletzungen vermeidet spätere Probleme

13. Wie man vergibt und mit Verletzungen umgeht 60
Gebete zur Heilung verletzter Gefühle

14. Die Macht negativer Reaktionen brechen 66
Verletzte Kinder verletzen andere Kinder

15. Lernen, besser zu reagieren 71
Gebete bei falschen Reaktionen

16. Jesus heilt schmerzhafte Erinnerungen 76
Gebete bei schmerzhaften Erinnerungen

D. Sünde und Vergebung erklären 80

17. Die Wahrheit macht uns frei 82
Wesentliche Grundlagen legen für einen guten Charakter und ein erfolgreiches Leben

18. Gottes Heilmittel für die Sünde 86
Kindern helfen, Jesus in ihr Leben einzuladen und vorwärtszugehen

19. Unser Chaos aufräumen 90
Die Vergebungsgebete

E. Werkzeuge für die Befreiung 96

20. Die Realität dämonischer Angriffe und die Befreiung 98
Wenn Schutzbarrieren durchbrochen werden

21. Das Zuhause absichern 105
Offene Fenster erkennen und schließen

22. Kinder befreien 111
Die Befreiungsgebete

23. Gebetswerkzeuge kombinieren 116
Warum sowohl Heilung als auch Befreiung notwendig sind

ANHANG 122

A.

DU
KANNST
DEN
UNTER-
SCHIED
MACHEN!

1. Gott möchte, dass es deinem Kind gut geht

Du kannst den Unterschied machen

Als ich (Esther) zum ersten Mal schwanger wurde, feierten wir die Nachricht mit einer Flasche Sekt, welche Daniel in unserem lokalen Supermarkt in Nordargentinien entdeckt hatte. Wahrscheinlich war dies nicht die klügste Getränkeauswahl nach einem positiven Schwangerschaftstest; aber wir waren jung und hoch erfreut über die tolle Nachricht!

Es waren die Tage der Briefpost und des langsamen Internets, in das man sich telefonisch einwählen musste und oft lange und vergeblich auf eine Verbindung wartete. Unsere Vorbereitungen, Eltern zu werden, konzentrierten sich daher größtenteils auf Bücher, die wir von früheren Missionaren und Besuchern übernehmen konnten. Wir hatten zwei Bücher zum Thema „Schwangerschaft". Eines war bunt illustriert und zeichnete das Wachstum unseres ungeborenen Kindes im Mutterleib auf. Ich las immer wieder voller Ehrfurcht die Tipps und die Ratschläge zur Geburtsvorbereitung und Pflege eines Neugeborenen. Aber als Paar hatten wir nicht viel darüber geredet, welche Art von Eltern wir sein wollten. Geschweige denn, welche *Erziehungsmethode* wir anwenden, wenn das Kind dann tatsächlich zur Welt gekommen sein würde.

Unser Zuhause war multikulturell geprägt: Daniel ist Schweizer und ich bin englisch/schweizerische Doppelbürgerin. Es war uns klar, dass wir in Argentinien unsere Kinder in einer dritten Kultur erziehen würden. Was kulturelle Fragen angeht, hätte eine frühere Diskussion zu diesem Thema sicherlich dazu beigetragen, unsere Erziehungsmethoden nachhaltig zu verbessern. In einem waren wir uns jedoch einig: wir wollten für unsere Kinder schon vor der Geburt beten. Dies mit den geistlichen Einsichten und Gebeten, die unser eigenes Leben immer wieder verändert hatten. Zudem wollten wir ihnen von klein auf beibringen, wie sie diese Gebete für sich anwenden konnten.

Rückblickend auf über zwanzig Jahre Elternschaft wissen wir, dass wir keine perfekten Eltern waren; aber wir hatten grosse Freude daran, unseren drei Jungs dabei zu helfen, emotional, geistlich und körperlich stark zu werden. Jedes Mal, wenn das Bedürfnis auftauchte und wir mit ihnen die Gebete für Heilung und Befreiung beteten, sahen wir sichtbare Veränderungen in ihrem Verhalten und in ihren Einstellungen. Heute sind sie drei gesegnete junge Männer. Sie kennen und lieben nicht nur ihren Gott, sondern haben auch seine Kraft erfahren. Sie haben gelernt, diese Gebete täglich zu nutzen, um mit der Realität von emotionalen Verletzungen, Sünden und dämonischen Angriffen in ihrem eigenen Leben umzugehen.

Ausgewählt, in Position gestellt und ausgerüstet

Als Mutter oder Vater hast du eine Beziehung zu deinem Kind wie sonst niemand. Gott hat dir dieses Geschenk gegeben. Er hat diese Beziehung erschaffen, um große gegenseitige Freude zu schaffen. Er hat diesen Rahmen gewählt, um deinem Kind beizubringen, Gott innig zu kennen, zu lieben und ihm nachzufolgen – alle Tage seines Lebens.[1] Gott selbst hat dies entworfen. Er ist Vater und Mutter seiner Kinder. Aus diesem Grund zeigen Elternschaft und Beziehungen, was Gott am Herzen liegt.

Gott hat dich nicht nur auserwählt, sondern er hat dich auch so positioniert, dass niemand sonst dein Kind so kennt wie du. Deine Nähe zu deinem Kind ermöglicht es dir, Veränderungen an ihm und seiner Umgebung zu erkennen, die andere möglicherweise übersehen. Diese Veränderungen können genau der Schlüssel zu dem sein, was in seinem Leben wirklich vor sich geht und was seine wahren Bedürfnisse sind.

Gott hat dich für die Arbeit ausgerüstet, die er dir anvertraut hat. Wenn du ein wiedergeborener Nachfolger von Jesus Christus bist, hast du seinen Geist, seine Weisheit und seine Autorität. Die gleiche Kraft, die Christus von den Toten auferweckt hat, wirkt in dir. Seine Heilkraft kann durch dich fließen und deinem Kind genau das geben, *was auch immer* sein körperliches, emotionales oder geistliches Bedürfnis sein mag. Er kann dich

---

1   Siehe 5. Mose 6,5-9; Sprüche 22,6; Epheser 6,4

benutzen, um den Unterschied zu machen.[2] Dies sind geistliche Wahrheiten und wir müssen beginnen, darauf aufzubauen, auch wenn unsere Gefühle uns etwas anderes sagen.

Daniel und ich hatten viele eigene Kämpfe, aber wir waren einfach entschlossen, die geistlichen Werkzeuge in unseren Händen zu benutzen. Wir entschieden uns, zuversichtlich zu sein, dass Gott uns führen und uns dazu benutzen würde, unseren Kindern zu helfen, mit allem umzugehen, was im Leben auf sie wartete. Wir wollten auch ständig mehr dazulernen. Wir haben uns immer wieder neu Gott hingegeben.

Du kannst es!

Es gibt in dieser Welt eine geistliche Dimension und es gibt eine emotionale und geistliche Dimension in Situationen, die in der sichtbaren Welt erlebt werden. In unserer Erfahrung haben viele emotionale, geistliche und sogar körperliche Probleme, mit denen Kinder und Jugendliche konfrontiert werden, ihre Wurzeln in emotionalen Verletzungen, schmerzhaften Erinnerungen, negativen Reaktionen auf Verletzungen oder in Sünde, die nicht angegangen wurde, sowie in dämonischen Kräften, die sich Zugang zu ihrem Leben verschafft haben. Gott möchte uns diese Wurzeln aufzeigen, und das Kreuz befähigt uns, effizient mit ihnen umzugehen und sie auszureissen.

Gott ist die Quelle der Heilung und der Freiheit – auch in den größten Schwierigkeiten. Wenn wir mit ihm verbunden bleiben, wird er uns führen und gebrauchen, um unseren Kindern seine Heilung und Freiheit zu bringen.

Wenn du also spürst oder vielleicht weisst, dass dein Kind Hilfe im Umgang mit inneren Verletzungen und Schmerzen benötigt, mit Sünde kämpft oder unter dämonischen Angriffen oder Belastungen steht, so sei an dieser Stelle ermutigt! Gott hat dich als christliche Mutter oder Vater positioniert und ausgerüstet, um es zu heilen und ihm Freiheit zu schen-

---

2   Lies Johannes 3,16; Epheser 1,19; 1. Korinther 2,14-16; Matthäus 28,18-19; Matthäus 10,8

ken! Er ist an deiner Seite. Er liebt dein Kind und möchte, dass es ihm gut geht.

Während du lernst, die Einsichten und Gebete, die wir in diesem Buch teilen, mit zunehmendem Selbstvertrauen und Autorität anzuwenden und sie an das Alter und die Umstände deines Kindes anpasst, wirst du erstaunt sein, welchen Unterschied dies für sein Leben und die Atmosphäre in deinem Zuhause machen wird. Auf diese Weise hilfst du deinem Kind dabei, die emotionalen, geistlichen und körperlichen Grundlagen zu schaffen, die es braucht, damit es aufblühen und gedeihen kann.

Denkpause

Was für eine Art Vater oder Mutter möchtest du sein?

Danke Gott, dass er dich ausgewählt, hingestellt und ausgerüstet hat, damit dein Kind gedeihen kann!

2. Eine fantastische Lebensqualität

Das Kreuz von Jesus Christus macht es möglich

Gottes ursprünglicher Plan und Wunsch waren es, dass jedes Kind mit seinem Vater und seiner Mutter in einem liebevollen, stabilen, sicheren und von Glauben erfüllten Zuhause aufwächst. Es ist klar, dass viele Kinder heutzutage nicht unter idealen, sondern manchmal unter unerträglichen und schwierigen Umständen aufwachsen. Sie haben möglicherweise einen Todesfall oder eine Scheidung erlebt oder sind täglich von Streit und fehlender Stabilität umgeben. Andere mögen sehr einsam sein.

Unabhängig von den Umständen, wie finster die Dunkelheit, wie tief der Schmerz auch sein mag, Gott kümmert sich um dein Kind. Er sieht seine seelischen Verletzungen, Kämpfe und Schmerzen. Er sieht, wo es gebunden ist und sich danach sehnt, frei zu sein. Die Bibel sagt, dass alle Menschen für Gott so wertvoll sind, dass sogar die Haare auf unserem Kopf gezählt sind (Lukas 12,7). Wir lesen auch, dass der Herr uns im Mutterleib geschaffen hat (Psalm 139,13). Er kennt uns mit unserem Namen (Jesaja 43,1). Alle diese Verse gelten für dein Kind!

Wenn du Christ bist, wirst du gehört haben, dass Jesus Christus am Kreuz deine Sünde und die Sünde der Welt vergeben hat. Aber das ist nicht nur ein Versprechen für den Moment, in dem du stirbst. Gottes Wunsch ist es, uns mehr zu geben als nur einen Freipass, um das Gefängnis zu verlassen. Christliche Mutter oder Vater zu sein bedeutet mehr, als die Kinder in eine Spielgruppe oder Sonntagsschule zu bringen oder ihnen ein aufregendes Sommercamp zu ermöglichen.

Zu diesem großen Abenteuer, zu dem Gott dich eingeladen hat, gehört noch viel mehr. Gott kümmert sich tatsächlich ganz persönlich um dich und deine Kinder. Er kümmert sich um deine Verletzungen und Probleme und er möchte, dass du stark in den Prozess involviert bist, diese Welt zu einem besseren Ort zu machen, in der alle das Leben in vollen Zügen genießen können.

Das Leben im Überfluss

Als Christen wissen wir, dass Jesus rettet oder dass er gekommen ist, um zu retten. Vielen ist jedoch nicht bewusst, dass diese Erlösung auch Lebensfülle und Heilung umfasst.

Betrachte Jesu Worte: *„Ich bin gekommen, damit sie das Leben haben und zwar im Überfluss."* (Johannes 10,10). Wenn wir uns ansehen, was Jesus während seines gesamten Wirkens getan hat, sehen wir, was er damit gemeint hat. Er hat Menschen geheilt, befreit, unterrichtet und ihnen sogar zu essen gegeben. Die Fülle des Lebens, von der Jesus spricht, bedeutet also, gesund und frei zu sein und unsere natürlichen Bedürfnisse gestillt zu bekommen. Beachte, dass das griechische Wort für Errettung, „Soteria", in den folgenden Beispielen mit „Heilung" übersetzt wird:

- *„Und siehe, eine Frau, die zwölf Jahre blutflüssig war, trat von hinten herzu und rührte den Saum seines Gewandes an. Denn sie sagte bei sich selbst: ‚Wenn ich nur seinen Mantel anrühre, so bin ich geheilt!' Jesus aber wandte sich um, sah sie und sprach: Sei getrost, meine Tochter! Dein Glaube hat dich gerettet! Und die Frau war geheilt von jener Stunde an."* (Matthäus 9,20-22)

- Die kleine Tochter von Jairus lag im Sterben, also bat er Jesus um Hilfe: *„Mein Töchterlein liegt in den letzten Zügen; komme doch und lege ihr die Hände auf, damit sie gesund wird und am Leben bleibt!"* (Markus 5,23)

Jesus hat nun nicht nur gezeigt, dass es Gott am Herzen liegt, dass Erwachsene und Kinder ein erfülltes Leben haben. Er hat auch seine Nachfolger gelehrt, Menschen zu sein, die heilen und für Befreiung beten. Er versprach uns den Heiligen Geist, damit die Gläubigen dazu befähigt werden, alles zu lösen, was uns und unsere Kinder davon abhält, ein erfülltes und reichhaltiges Leben zu führen. Wenn du lernst, mit Dingen wie Verletzungen, Sünden und dämonischen Angriffen richtig umzugehen, kannst du durch die Kraft des Heiligen Geistes eine Lebensqualität erfahren, die deine kühnsten Träume übersteigen wird.

Wenn du dich also fragst, an wen du dich wenden kannst, wenn es deinem Kind nicht gut geht: Wende dich zuerst an Gott! Er kennt und liebt es. Er möchte, dass es wieder lachen kann. Gott zeigte uns seine Liebe und Hingabe, indem er zu uns herabstieg, die Form eines Menschen annahm und die Qual des Kreuzes durchlief. Jesus erduldete das Kreuz, weil er an bestimmte Menschen dachte – nämlich an dich und deine Kinder (Hebräer 12,2)! Er wollte euch alle gerettet, geheilt und in voller Freiheit sehen. Seine Auferstehung von den Toten ist der ultimative Sieg über alle Kräfte, die zwischen uns und einem Leben in Fülle liegen.

Zwei Zeugnisse

Die Chancen auf ein gutes Leben waren sehr schlecht für Natalie, die in einem unspektakulären Schweizer Vorort von einer 16-jährigen Mutter geboren wurde. Gottesfürchtige Großeltern aber halfen, sie großzuziehen. Als Natalie ein Teenager war, sprachen sie oft mit ihr über die Ablehnung, die ihre Geburt begleitet hatte. Ihr Engagement und ihre ständigen Gebete veränderten das Schicksal ihrer Enkelin dauerhaft. Heute ist sie eine wunderschöne junge Studentin mit grosser Lebensfreude.

Tanya wuchs mit einer emotional distanzierten Mutter und einem bipolaren Vater in Skandinavien auf. Aber sie war damit gesegnet, dass ihre Urgroßmutter bei ihnen lebte. „Ihre Anwesenheit und ihre Gebete haben es mir leichter gemacht, in dieser Situation aufzuwachsen. Ich war am Boden zerstört, als ich sie als Teenager verlor, aber sie hat mir den Weg geebnet, Christus als Erwachsene zu finden."

Denkpause

Glaubst du, dass dein Kind von Gott geschätzt und geliebt wird und dass ER deine Situation sieht?

Danke Gott für das Kreuz und dass er dich benutzen möchte, dein Kind wiederherzustellen.

3. Geschichten vom Schlachtfeld

Wie wir unsere Waffen geschärft haben

In diesem Buch werden wir viele wahre Geschichten aus unserer eigenen Erfahrung als Eltern und Seelsorger mit dir teilen. Wir hoffen, dass du dadurch ermutigt und inspiriert wirst. Einige Ereignisse mögen dir vielleicht seltsam erscheinen, besonders wenn du mit der unsichtbaren, geistlichen Welt nicht vertraut bist. Sei dennoch offen; denn was wir hier teilen, kann die Lösung sein für eine Situation, mit der du vielleicht zu Hause konfrontiert wirst.

Durch das Gebet dreht sich unser Sohn im Mutterleib

Wir beteten für unseren erstgeborenen Sohn seit dem Moment der Zeugung wie auch während der gesamten Zeit der Schwangerschaft. Wir beteten für seine allgemeine Gesundheit, seine Entwicklung und um seinen Schutz. Wir beteten, dass Gottes Liebe und Gegenwart ihn erfüllen würden. Wir haben aber auch gezielt gegen vererbte Allergien und andere Krankheiten gebetet, von denen wir wussten, dass sie auf der einen oder auf beiden Seiten der Familie vorkamen.[3]

Abgesehen von anhaltender Übelkeit verlief die Schwangerschaft gut. Unser Baby konnte jeden Tag zur Welt kommen, und wir waren bereit für die Geburt! Als uns dann der Arzt mit ernster Miene mitteilte, dass uns höchstwahrscheinlich eine lange, schmerzhafte Geburt oder sogar ein Kaiserschnitt bevorstanden, waren wir schockiert. Anscheinend war unser kleiner Sohn statt mit dem Kopf mit den Füssen nach unten im Mutterleib positioniert. Dies war keine gute Nachricht. „Wird sich das Baby nicht von alleine drehen? Können Sie ihn vielleicht umdrehen?", fragten wir den Arzt besorgt. Wir wünschten uns so sehr eine natürliche Geburt! Der Gynäkologe antwortete jedoch: „Nach meiner Erfahrung ist es äusserst unwahrscheinlich, dass sich das Baby zu diesem Zeitpunkt noch spontan wenden wird. Ich kann es auch nicht riskieren, ihn von Hand zu

---

3   Im Anhang werden wir ausführlicher über das Beten für dein ungeborenes Kind sprechen.

drehen, denn wenn sich die Nabelschnur um seinen Hals windet, könnte dies seine Sauerstoffversorgung unterbrechen."

So hatten wir die Wahl, entweder zu akzeptieren, was auf natürliche Weise geschah oder es im geistlichen Bereich zu bekämpfen. Wir hatten monatelang für eine gelungene, natürliche Geburt gebetet. Wir wussten, dass schwere Schmerzen bei der Geburt nicht das waren, was Gott ursprünglich für Frauen beabsichtigte, sondern dass dies eine Folge des Sündenfalls war. Wir glaubten, dass Jesus all unsere Pein trug und jeden Fluch brach, als er für uns zum Fluch am Kreuz wurde. Wir wussten also, dass die Prognose einer besonders langen und schmerzhaften Geburt nicht Gottes Wille für uns sein konnte. Wir kamen zum Schluss, dass dies ein direkter Angriff auf das Leben in Fülle sein musste, welches Jesus uns verheissen hat.[4]

So beschlossen wir zu beten. Wir sagten aller Angst ab und begannen für Glauben zu beten, dass Gott ein Wunder geschehen lassen würde. Daniel legte seine Hände auf Esthers Bauch und proklamierte Autorität über jeden dämonischen Angriff, der versuchte, die Geburt unseres Sohnes zu stören. Er befahl jedem beteiligten Geist zu verschwinden. Esther gähnte einige Male.[5] Dann sprach er mit dem Baby und forderte es auf, im Namen Jesu Christi die richtige Position für die Geburt einzunehmen. Während er betete, fühlten wir Bewegung im Mutterleib und wussten, dass Gott wirkte. Als derselbe Arzt Esther zwei Tage später untersuchte, stellte er erstaunt fest, dass das Baby nun tatsächlich in perfekter Position lag! Die Geburt war schliesslich so schnell und einfach, dass Ben auf dem Weg ins Krankenhaus beinahe im Auto zur Welt kam!

Durch das Gebet erneut schwanger geworden

Als die Zeit gekommen war, an ein zweites Kind zu denken, zeigte uns der Herr, dass er uns einen weiteren Sohn schenken und dass er Samuel heissen würde. Anders als bei unserem ersten Kind, welches schnell empfangen worden war, schien etwas Samuel daran zu hindern. Wir fragten

---

4   Siehe 1. Mose 3,16, Galater 3,13 und Jesaja 53,4

5   Gähnen ist etwas, das bei Befreiungsgebeten oft geschieht. Das biblische Wort für Geist ist „Pneuma" oder „Ruach" und nimmt Bezug auf den Atem.

den Herrn, wie wir beten sollten. Wir erinnerten uns daran, dass Esthers Mutter auch einige Schwierigkeiten beim Empfängnis ihres zweiten Kindes gehabt hatte. Wir spürten die gleiche geistliche Blockade, die auch Esther davon abhielt, schwanger zu werden. Während wir beteten und Esther von dieser Blockade lösten, spürte sie einen Druck in ihrem Magen, der dann nachließ. Im folgenden Monat wurde sie schwanger! Wie wir erwartet hatten, war es wieder ein Knabe, und so nannten wir ihn Samuel. Dieser Vorfall zeigte uns, dass es Dinge in unserem Leben geben kann, die uns davon abhalten, die wunderbaren Geschenke zu empfangen, die uns der Herr geben möchte. Wir können beten und ihn bitten uns zu zeigen, was die Hindernisse sind und sie zu entfernen.

Befreiung unseres Babys von Angst

Daniel sah sich eines Tages einen Dokumentarfilm über wilde Tiere an, während unser sechs Monate alter Sohn friedlich neben ihm im Kinderwagen schlief. Als ein riesiges Krokodil sein schreckliches Maul öffnete, schaute Daniel zu unserem Baby und stellte überrascht fest, dass es hellwach war und auf den Fernsehbildschirm starrte. Plötzlich begann unser Junge verzweifelt zu weinen und nichts, was Daniel tat, konnte ihn beruhigen. Es war für ihn in der Folge unmöglich, wieder einzuschlafen. Daniel war sich nicht sicher, was er tun sollte und betete um Weisheit. Er spürte, dass ein dämonischer Geist seinen kleinen Sohn angriff und dass er ihm gebieten solle, zu weichen. Als er dies tat, erschien plötzlich ein Ausdruck des Entsetzens auf dem Gesicht des Babys. In diesem Moment zeigte sich der Geist der Angst bevor er unseren Sohn verliess. Dessen Gesichtszüge entspannten sich, seine Augen schlossen sich und er schlief sofort ein!

Als wir über die späteren Jahre hinweg an diesen Vorfall dachten, fragten wir uns oft, was geschehen wäre, wenn dieser Geist der Angst geblieben wäre und im Leben unseres Sohnes Wurzeln geschlagen hätte. Wir konnten nicht alles auf menschliche Weise erklären, aber geistlich gesehen machte es absolut Sinn. Anhand solcher Beispiele können wir erkennen, dass ein Kampf um unsere Kinder im Gange ist. Wie in jedem Krieg spielt der Feind nicht fair. Er kommt, um zu stehlen, zu töten und zu zerstören, wo immer er auch kann; aber Jesus ist gekommen, um das Leben in Fülle zu bringen (Johannes 10,10). Dieser Vorfall bestätigte uns die Notwendigkeit, vorbereitet zu sein und die Heilung und Befreiung in unsere tägliche Erziehung zu integrieren.

Befreiung unseres Sohnes von Unreinheit

Ob man es glaubt oder nicht, manche Kinder dürfen noch in einer Welt aufwachsen, in der es normal ist, mitten auf der Straße mit anderen Kindern zu spielen. Genauso erlebten es unsere Kinder in Argentinien. Das Herumtollen wurde von den älteren Kindern beaufsichtigt. Die Spielkameraden kamen aus allen Häusern entlang der Strasse und gingen zum Spielen manchmal von einem Gebäude zum andern. In einem ruhigen argentinischen Vorort mit sehr wenig Strassenverkehr erschien es uns als ungefährlich.

Eines Tages bemerkten wir jedoch etwas anderes an unserem fünfjährigen Sohn, als er vom Spielen nach Hause kam. Seine Augen schienen unruhig. Als wir sie näher untersuchten, schien er dabei nicht sich selbst zu sein. Wir fragten ihn, ob etwas geschehen sei, was er verneinte. Auf Grund seines Verhaltens in den nächsten Tagen wurde uns jedoch klar, dass er unter den Einfluss eines unreinen Geistes geraten sein musste. Es stellte sich heraus, dass unser Sohn bei einem Nachbarn eine Sexszene im Fernsehen gesehen hatte. Daraufhin hatte ein unreiner Geist aus diesem Film versucht, sich an ihn zu heften. Wir erklärten ihm, dass wir dem Unangenehmen, das ihn aufwühlte, gebieten konnten, im Namen Jesu zu verschwinden. Er stimmte zwar zu, aber als wir dies taten, kroch er unter das Bett und schrie, wir sollten damit aufhören! Dennoch beteten wir unablässig weiter. Ruhig und bestimmt befahlen wir dem Geist, der ihn angriff, von ihm zu weichen. Etwa eine Minute später kroch er wieder unter dem Bett hervor und setzte sich auf Daniels Schoß. Als wir in seine Augen schauten, waren sie komplett friedvoll – er war wieder sich selbst! Wir lobten den Herrn dafür, dass wir diesen dämonischen Angriff hatten erkennen und abwehren dürfen, bevor der Geist Fuß fassen und sich mit der unreifen Persönlichkeit unseres Sohnes verbinden konnte.

Heilungs- und Befreiungsgebete in den Alltag integrieren

Die Erfahrung, unsere Kinder gelegentlich von etwas freisetzen zu müssen, wurde mehr und mehr Teil der täglichen Erziehung. Wir entwickelten die Gewohnheit, immer um die Führung des Heiligen Geistes zu bitten, um zu erfahren, *wie* wir beten oder *was* wir tun sollten wenn wir bemerkten, dass unsere Kinder in einem Lebensbereich nicht frei waren. Jedes Mal sahen wir eine sichtbare Veränderung, als wir so um Heilung und Befreiung für unsere Kinder beteten, wie der Herr uns geführt hatte.

Heute sind unsere Jungs emotional, geistlich und körperlich starke Teenager und junge Erwachsene. Es ist nicht so, dass wir es sehr einfach hatten. Im Gegenteil, wir erlebten enorme Herausforderungen, darunter den Umzug von Nordargentinien in eine geschäftige Schweizer Metropole. Unsere Söhne lernen bis zum heutigen Tag mit emotionalen Verletzungen, Sünde und dämonischen Angriffen umzugehen – das ist Gottes Wille für uns und für unsere Kinder. Es ist unser Gebet, dass die Geschichten und die Erkenntnisse, welche wir in diesem Buch teilen, dich inspirieren und befähigen, deinem Kind zu dienen und es mit den geistlichen Werkzeugen auszurüsten, die es benötigt, um zu gedeihen.

Denkpause

Welche Geschichten haben dein eigenes Leben geprägt?

Hast du eine schwierige Situation zu Hause? Bitte Gott, dich auszurüsten und vorzubereiten, damit du deinem Kind helfen kannst, die gegenwärtigen und zukünftigen Herausforderungen zu meistern.

4. Kämpfe heute und freue dich morgen

Warum Kinder Heilungs- und Befreiungsgebete brauchen

Während unsere Jungs aufwuchsen, arbeiteten wir in Nordargentinien, bildeten Erwachsene aus und bauten eine Reihe von Kinderprojekten auf. Fortlaufend halfen wir Menschen dabei, mit Problemen in ihrem persönlichen Leben umzugehen. Immer wieder stellten wir fest, dass diese Probleme ihre Wurzeln in der Kindheit hatten – in verletzenden Erfahrungen, schmerzhaften Beziehungen oder Traumata. Das Leben einiger Leute war so durcheinander, dass es sich anfühlte, als würde man versuchen, einen riesigen Wollknäuel zu entwirren, der in die Fänge einer Katze geraten war! Denn wie natürliche Wunden, die sich ohne angemessene Behandlung infizieren können, „eitern" auch seelische Wunden aus der Kindheit und entwickeln sich zu Festungen, die falsche Entscheidungen, einen gottlosen Lebensstil sowie schwierige Beziehungen zu andern Menschen zur Folge haben können.

Viele Probleme können vermieden werden

Wir begannen uns zu fragen, wie das Leben dieser Menschen aussehen würde, wenn ihnen *als Kinder* geholfen worden wäre, die Verletzungen und Traumata zu überwinden, zeitnah nachdem sie aufgetreten waren. Welchen Charakter hätten sie heute, wenn sie als Kinder erfahren hätten, wie Gott Verletzungen heilt, statt Bitterkeit, Hass und Unversöhnlichkeit Raum zu geben und in ihren Herzen eitern zu lassen? Wie viel Schmerz und Leid hätten vermieden werden können, wenn sie schon als Kinder von dämonischen Geistern befreit worden wären?

Und was war mit den vielen verletzten Kindern in den Sonntagsschulen und Kindertagesstätten? Könnten sie mit denselben Gebetswerkzeugen geheilt und befreit werden, die wir für Erwachsene verwendet und auf unsere Kinder angepasst hatten? Könnte ihre Zukunft auch anders aussehen?

Schon bald hatten wir die Gelegenheit, dies herauszufinden, als wir in einer Kindertagesstätte in Jujuy, einer benachbarten Provinz, aushelfen sollten. Das Zentrum wurde von deutschen Schwestern und einer christlichen Psychologin geleitet, welche die sich wiederholenden Zyklen des Leidens über Generationen beobachtet hatten und unsere Idee unterstützten, dass Heilungs- und Freiheitsgebete die Antwort auf die tragischen, sich von Generation zu Generation wiederholenden Zyklen von Missbrauch, ungewollten Schwangerschaften, Verlassenheit, Armut usw. sein könnten. Als wir begannen, diesen Kindern zu dienen, erkannten wir, dass Heilungs- und Befreiungsgebete unmittelbar und langfristig einen echten Unterschied bewirken konnten.

Aufgrund dieser und anderer Erfahrungen begannen wir, die Heilungs- und Befreiungsgebete, die wir bei der Beratung von Erwachsenen verwendeten, einfach an die Bedürfnisse und das Alter unserer eigenen Jungs und anderer Kinder in den Gemeinden anzupassen, in denen wir tätig waren.

Parallelen zwischen Heilung und Befreiung für Erwachsene und Kinder

Wir alle wissen, dass wir als Kinder verletzt worden sind. Aber oft waren wir nicht in der Lage, unseren Schmerz auszudrücken oder damit umzugehen. Wir machen als Kinder auch falsche Dinge, aber wir wissen möglicherweise nicht, wie wir die Dinge in Ordnung bringen oder mit unserer Schuld umgehen sollen. Wir mögen dadurch unter dämonischen Einfluss geraten sein, wissen aber nicht, wie wir uns davor schützen oder frei werden können.

Der Geist eines Kindes kann durch Christus für Gott vollkommen lebendig sein, selbst wenn sein Körper und seine Seele sich noch im Reifungsprozess befinden. Beispielsweise kann ein Kleinkind Gott genauso anbeten wie ein Erwachsener. Doch wenn Kleinkinder dadurch nicht erhalten, was sie wollen, bekommen sie oft einen Wutanfall. Aus diesem Grund benötigen sie Unterstützung dabei, zu lernen ihre Emotionen und ihren Körper unter Kontrolle zu bringen, um sich gesund entwickeln zu können.

Als Eltern ist es unsere Aufgabe, unseren Kindern in allen diesen Bereichen zu helfen. Von dem Moment an, in dem ein Kind seinen freien Willen ausüben kann, sollte es darin unterrichtet werden, zu beten und diesen einzusetzen, um so weit wie möglich frei und geheilt zu werden.[6]

> **Denkpause**
>
> Wie hättest du als Kind von Heilungs- und Befreiungsgebeten profitieren können?
>
> Ist das Konzept eines Kindes, das einen Geist, eine Seele und einen Körper hat, neu für dich? Weitere Informationen findest du in 1. Thessalonicher 5,23 und Jesaja 61,1-3.

---

6   Siehe auch Anpassung der Gebete an verschiedene Altersstufen im Anhang.

5. Gesunde Erwachsene, gesunde Kinder

Praktische und tiefgehende Veränderung

Melanie, eine alleinerziehende Mutter, brachte ihren achtjährigen Sohn mit, um uns über Verhaltensprobleme in der Schule zu informieren. Während der Beratung stellte sich heraus, dass sie Schwierigkeiten hatte, klare und einheitliche Grenzen zu setzen – ein Problem, das in der Wut begründet war, die sie gegenüber ihrem eigenen Vater empfand. Er hatte sich auf ihre Fehler konzentriert und sie sehr selten gelobt. Melanie hatte dagegen rebelliert und sich geschworen, niemals so wie ihr Vater zu werden. Während wir beteten, vergab sie ihrem Vater und bereute ihre eigene Rebellion. Nachdem sie dies getan hatte, fing sie an, ihre gottgegebene Autorität als Mutter zurückzugewinnen und lernte, angemessene Grenzen zu setzen und konsequent ihre Mutterschaft auszuüben. Der Transformationsprozess von Mutter und Sohn ging Hand in Hand.

Heile dich selbst, heile dein Kind

Wie Melanie werden dir möglicherweise Bereiche deines Lebens bewusst, die dein Kind betreffen und wo Gottes Berührung notwendig ist. Denke daran, dass du kein Fachmann, kein geistlicher Superheld und auch kein perfekter Elternteil sein musst, um deinem Kind zu helfen, Probleme durch Heilungs- und Befreiungsgebete zu überwinden. Du musst jedoch offen sein für Gott, in deinem eigenen Leben zu wirken und bereit sein, deine Betrachtungsweise zu ändern, wo dies erforderlich ist.

Viele Eltern fühlen sich unwohl bei der Vorstellung, dass sie ein Teil des Problems sein könnten. Es ist viel einfacher, die Gesellschaft, den Lehrer, andere Kinder, ein Syndrom oder eine Krankheit als Problem hinzustellen. Manchmal sind diese Erklärungen zwar gerechtfertigt. Aber Jesus sagte, dass die *Wahrheit* uns frei machen wird (Johannes 8,32). Ein ehrlicher Blick auf die Situation in deinem Zuhause sowie auf dein Verhalten und deine Einstellungen in der Vergangenheit und in der Gegenwart ist ein guter Ausgangspunkt. Zudem ist Gott gütig und sanftmütig. Er verurteilt uns nicht, sondern schenkt uns neue Hoffnung und Freiheit!

Wenn du über Probleme nachdenkst, mit denen dein Kind zu kämpfen hat, wirst du möglicherweise auch Parallelen zu deinen eigenen biografischen Erfahrungen feststellen. Sei deshalb an dieser Stelle ermutigt; Gott möchte euch beide heilen! Dein Kind muss nicht das Gleiche durchmachen, was du durchgemacht hast. Das Gebet verändert das Schicksal. In der erwähnten Kindertagesstätte in Jujuy erlebten wir kontinuierlich, dass sich wiederholende Zyklen der Sünde und der Zerstörung tatsächlich gebrochen werden können. Setze deinen Glauben und dein Vertrauen in Jesus Christus und glaube, dass er dich heilen und deinem Kind eine bessere Zukunft geben kann. Erlaube Gott deine Wunden zu heilen, während du ihm dein Leben öffnest und Heilung und Wiederherstellung für dein Kind suchst. Verlasse dich auf seine Offenbarung und seine Führung, während du für dein Kind und für die Dinge betest, die es beunruhigen.

Situationen, die eine Veränderung in der Erziehung erfordern

Während der Schwerpunkt dieses Buches auf Themen liegt, die Heilung und geistliche Freiheit erfordern, müssen in einigen Fällen lediglich einige praktische Veränderungen vorgenommen werden.

Juan (9)

Eine Mutter besuchte uns wegen ihres neunjährigen Sohnes, von dem sie vermutete, er sei an ADS (Attention Deficiency Syndrome) erkrankt. Als wir uns unterhielten, wurde es klar, dass sie und ihr Mann sehr unterschiedliche Vorstellungen davon hatten, wie viel Schlaf der Junge benötigte. Auf die Frage hin, wann ihr Sohn zu Bett gehe, wich sie aus bis dass sie schliesslich zugab, dass sie Angst hatte, dem Jungen eine Routine aufzuerlegen. Als Folge dieser fehlenden Routine war der Neunjährige chronisch übermüdet. Anstelle von Heilungs- oder Befreiungsgebeten war dringend eine frühere Bettruhe angezeigt.

Das zweite Problem war, dass Juan dadurch, dass er lange wach blieb, Szenen im Spätfernsehen sah, die seine junge Seele nur schwer verarbeiten konnte. Drittens war die Uneinigkeit seiner Eltern eine Quelle von tiefer Unsicherheit und Angst. Sein Verhalten war zum Teil eine Reaktion auf die chaotische, angespannte Umgebung zu Hause.

Obwohl das Grundproblem natürlicher Art war, muss gesagt werden, dass ständiges Streiten zu Hause tatsächlich eine geistliche Dimension hinzufügt. Wenn Eltern uneins sind, sind ihre Kinder anfällig für dämonische Angriffe.[7] Ob es ihnen gefiel oder nicht: Um ihres Sohnes Willen musste sich dieses Paar hinsetzen und einen Konsens darüber erzielen, wie es sein Kind erziehen wollte.

Situationen, die tiefgreifende Heilung und Befreiung erfordern

Zuzugeben, dass unsere Elternschaft nicht effizient genug ist, weil etwas in unserem eigenen Leben Probleme begünstigt, ist ernüchternd und zugleich schmerzhaft. Wenn wir mit einer ungeheilten Verletzung und der dämonischen Bindung in unserem eigenen Leben auf unser Kind reagieren, werden uns viele Ratschläge für praktische Elternschaft nicht viel nützen. Aber tiefgreifende Heilung und Freiheit können der Schlüssel zur Veränderung sein. Um dies zu veranschaulichen, teilen wir an dieser Stelle unsere eigene Familiengeschichte.

Esthers Geschichte

Als Kind litt ich häufig unter unerklärlichen Bauchschmerzen und wollte manchmal sterben. Ich habe mich oft in eine Fantasiewelt voller Heldentaten und sexueller Tagträume zurückgezogen. Hier ist zu sagen, dass ich in Kenia ohne Fernsehen oder Zeitschriften aufwuchs, die solche Gedanken hätten auslösen können. Als ich älter wurde, nahmen meine Stimmungsschwankungen zu. Meine Unsicherheit sowie Gefühle der Ablehnung und Isolation wurden immer schlimmer. Mit siebzehn Jahren sprach ich auf

---

7 Siehe Derek Prince, *Anleitung zum Befreiungsdienst an Kindern und Jugendlichen*

einer Konferenz mit einem Berater über diese sexuellen Fantasien und wurde von Scham- und Schuldgefühlen befreit. Ich fühlte mich sauber und ein großes Gewicht war von mir genommen worden. Erst als ich heiratete und danach Schwierigkeiten hatte, mich meinem Ehemann zu öffnen, zeigte mir der Herr eine Wurzel meiner Probleme. Als kleines Kind hatte ein Mann in Kenia mich zu missbrauchen versucht. Daniel betete mit mir und gebrauchte die Schritte für innere Heilung und Befreiung.[8] Infolgedessen konnte ich mich sexuell und emotional besser öffnen. Aber ich hatte immer noch Stimmungsschwankungen und durchlitt Perioden der Dunkelheit und der Verzweiflung.

Als unser ältester Sohn dreizehn Jahre alt wurde, veränderte sich meine Beziehung zu ihm dramatisch. Ich konnte nicht verstehen, was mit mir geschah. Ich liebte ihn sehr, aber ich fing an, ihn abzulehnen. Ich war schockiert über meine Hassgefühle, die in verschiedenen Situationen auftauchten. Manchmal wollte ich ihn sogar leiden sehen. Wir hatten oft Streitigkeiten und unser Sohn wurde immer rebellischer. Als sein innerer Schmerz zunahm, begann er, sich auf einer Abwärtsspirale der Zerstörung von uns wegzudrehen. Daniel erkannte, dass etwas in mir noch geheilt werden musste – dringend, bevor wir unseren Sohn verlieren würden.

Wir baten den Herrn, uns zu zeigen, wo die Wurzel des Problems lag, das unsere Beziehung vergiftete. Während wir beteten, brachte Gott mich zu einem Vorfall zurück, bei dem mich ein junger Teenager in einem Gästehaus in Kenia sexuell missbraucht hatte. Als Sechsjährige verstand ich nicht, was mit mir geschah und mein Verstand hatte es völlig verdrängt. Als mein Sohn dann aber das ungefähre Alter des Jungen erreichte, der mich missbraucht hatte, wurde etwas in mir ausgelöst. Die Erinnerungen drängten an die Oberfläche.

Ich ging mit Daniel durch die Schritte der Heilung von schmerzhaften Erinnerungen und der Befreiung und gelangte so zu größerer Freiheit und Stabilität. Zudem besuchte ich eine Heilungsretraite in England und erhielt dort noch mehr Heilung von der damit verbundenen Depression.

---

8   Siehe *Innere Freiheit und Gesundheit* von A. und E. Taylor

Einer der Priester, welcher die Retraite besuchte und nichts über mich oder meine Beziehung zu meinem Sohn wusste, meinte zu mir: „Wusstest du, dass du für deinen Sohn Gott repräsentierst? Hör auf, den Jungen abzulehnen! Liebe ihn bedingungslos mit der Liebe des Vaters."

Gott sei Dank rettete meine Heilung die Beziehung zu meinem Sohn. Ich hörte auf, ihn abzulehnen und fing an, ihn zu lieben und zu akzeptieren. Die Veränderung in mir ermöglichte es ihm, sein Herz wieder für Gott zu öffnen. Heute haben wir eine herzliche und enge Beziehung. Gemeinsam mit Daniel konnten wir unserem Sohn helfen, wieder einen guten Weg einzuschlagen. Er liebt, folgt und dient dem Herrn jetzt von ganzem Herzen. Ich kann dem Herrn nicht genug dafür danken, was er für uns getan hat!

Denkpause

Gibt es praktische Veränderungen, welche du in deiner Elternschaft vornehmen solltest?

Wo könnten deine eigenen Probleme mit Problemen zusammenhängen, die bei deinem Kind auftreten? Entscheide dich, daran zu arbeiten.

Das heilsame Zuhause

B.

DAS
HEILSAME
ZUHAUSE

6. Herzensbeziehungen

Der Beziehung den Vorrang geben

Prediger verwenden häufig die Illustration der Verkehrspolizei, um die Bedeutung von Autorität zu erklären. Wenn du Autorität hast, kannst du den Verkehr so lenken, dass Unfälle und Chaos auf der Straße vermieden werden. Dies erfordert keine großen Anstrengungen. In ähnlicher Weise wurden christliche Eltern mit der geistlichen Autorität ausgerüstet, ihre Kinder zu unterweisen und so Chaos in der Familie zu vermeiden.[1] Als Vater oder Mutter bist du in erster Linie für deine Familie verantwortlich und nicht für diejenigen Dinge, die ausserhalb davon geschehen. Die Familie hat einen strategischen und geordneten Rahmen. Der Vater hat als Familienoberhaupt das Versprechen, dass Christus in seinem Haus gegenwärtig ist (Matthäus 18,20). In Abwesenheit eines Vaters tritt der Herr selbst ein, um diese Rolle einzunehmen (Psalm 68,6). In diesem Sinne ist die christliche Familie eine kleine Gemeinde und gläubige Eltern die logische und autorisierte Auswahl, ihre Kinder zu leiten, zu führen und ihnen zu dienen.[2]

Sie zu Jüngern machen

Der Verkehrspolizist erteilt Befehle aus der Entfernung und muss diejenigen, die er anweist, nicht persönlich kennen. Die Eltern hingegen müssen eng mit ihren Kindern verbunden sein, so wie Gott der Vater in enger Beziehung zum Sohn und zum Heiligen Geist steht. Unsere elterliche Autorität muss daher in die Beziehung und in die Gemeinschaft mit unserem Kind eingebettet sein.

In seinen letzten Anweisungen in Matthäus 28,16-20 forderte Jesus seine Nachfolger auf, den Menschen nicht nur die frohe Botschaft zu verkünden, sondern sie zu Jüngern zu machen. Als Christen kennen wir wahrscheinlich in unserem Umfeld viele Menschen, die Christus kennenler-

---

1   Siehe 5. Mose 11 (v.a. Vers 19), Sprüche 22,6
2   Bill Banks, *Deliverance for children and teens*, S.112

nen und zu Jüngern gemacht werden sollten. Sehr wahrscheinlich sind wir auch sehr motiviert, dies zu tun! Als christliche Eltern stehen unsere Kinder jedoch an erster Stelle auf der Liste derjenigen Menschen, die wir zu Jüngern machen sollen. Wir haben beobachtet, dass überraschend viele Menschen, die in christlichen Familien aufgewachsen sind, sich später von Gott abwenden. Dies, weil ihre Eltern aus irgendeinem Grund nicht in der Lage waren, sich eng mit ihnen zu befassen und sie zu Jüngern zu machen.

Der Jüngerschaftsprozess befähigt uns, später eine eigenständige Beziehung zu Gott aufrechtzuerhalten. Grundsätzlich ist ein Jünger jemand, der durch engen Kontakt mit seinem Herrn ihm nachfolgt und ihn nachahmt. Die Jünger lebten drei Jahre lang eng mit Jesus zusammen. Sie hörten ihm zu und lernten aus seinen Worten und Taten. Dann haben sie ihn nachgeahmt. Es ging nicht immer alles reibungslos über die Bühne, was sie sich vorgenommen hatten. Aber Jesus half ihnen, ermutigte und korrigierte sie. Es scheint, als hätte er nie vergessen, was aus ihnen werden würde. Auch wenn sie nicht perfekt waren, verbreiteten sie dennoch das Evangelium in der damaligen Welt und veränderten für immer die Geschichte der Menschheit. Wie sehr brauchen unsere Kinder doch diese enge Begleitung der Eltern, welche sich für sie einsetzen, damit sie ihr volles Potenzial entfalten können!

Wie Jesus es getan hat

Unsere Kinder mit den Augen Christi zu sehen, bedeutet nicht, ihre Fehler zu beschönigen. Es bedeutet, zu erkennen, wer sie sind und wer sie in Christus werden, um sie auf die Erfüllung ihres Potenzials vorzubereiten. Ein Teil des Jüngerschaftsprozesses besteht darin, mit schwierigen, unangenehmen oder sogar bedrohlichen Dingen umzugehen. Wiederum hat Jesus uns dies auf perfekte Art und Weise vorgelebt!

Nehmen wir das Beispiel von Petrus, dem hitzköpfigen Jünger, der einem Hohepriester das Ohr abhackte, um zu verhindern, dass sein Herr verhaftet würde. Dann schwor er, Jesus bis in den Tod zu folgen und nur Stunden später verleugnete er ihn dreimal. Die Tatsache, dass Jesus ihn im Vorfeld davor gewarnt hatte, dass er ihn verleugnen würde, machte die

Sache für Petrus nur noch schlimmer. Enttäuscht und niedergeschlagen kehrte er in seinen alten Beruf als Fischer zurück. Dies wäre das Ende der Geschichte gewesen – wenn nicht Jesus von den Toten auferstanden wäre.

Aber für Petrus machte selbst die Auferstehung noch keinen Unterschied. Bis er Jesus selbst in einem besonderen Moment am Ufer des Sees Genezareth erlebte. Während sie frühstückten, führte Jesus Petrus durch eine Art inneres Heilungserlebnis. Er fragte Petrus dreimal, ob er ihn liebe. Petrus antwortet jedes Mal, dass er Jesus liebt oder zumindest mag (Johannes 21,15-17). Vielleicht ist „mögen" alles, was Petrus erwidern konnte, nachdem er Jesus in seiner Stunde der Not verlassen hatte. Aber in einer der zärtlichsten Stellen der Heiligen Schrift bittet Jesus diesen gebrochenen, gedemütigten und desillusionierten Mann, seine Lämmer zu füttern und seine Schafe zu hüten!

Jesus investierte also Zeit und Mühe, um die ihm anvertrauten Jünger zu lehren, wie sie mit Situationen wie etwa Verletztheit, Sünden und Fehler umgehen sollten, die sie zerstören konnten. Er unterrichtete sie auch über das Königreich Satans, wie es funktionierte und wie man es besiegen konnte.[3] Wenn wir Kinder zu Jüngern machen, müssen wir die Dinge, die Christus seinen Jüngern beibrachte, kennen und sie ihnen vorleben und darin schulen. Es sollte für uns wie eine Routine sein, dies täglich zu tun.

Beziehung

Die Herzensbeziehung ist der Kern der Jüngerschaft und des heilsamen Zuhause. Diese Art von Beziehung gedeiht nicht automatisch; wir haben kein Recht auf den Zugang zum Herzen unserer Kinder. Diese Beziehung wird gezielt über die Zeit aufgebaut. Es braucht *Zeit*, nicht nur schöne gemeinsame Erlebnisse, um die Art der Beziehung zu bauen, die ein Kind an sein Herz heranlässt.

Kinder öffnen sich uns nicht unbedingt dann, wenn es uns passt. Du kannst dich jedoch so positionieren, dass du immer da bist, wenn es darauf ankommt. Du solltest so viel Zeit wie möglich mit ihnen verbringen

---

3   Z.B. Matthäus 4,1-11; Matthäus 16,19; Markus 5,1-20; Lukas 8,2; Matthäus 12,22-30

und dich bemühen, ihnen in die Augen zu schauen und ihnen zuzuhören, was sie wirklich sagen.

Diese Form von Herzensbeziehung ermöglicht es dir, Veränderungen deines Kind zu bemerken und frühe Anzeichen festzustellen, wenn es möglicherweise Probleme hat. Dein Kind wird sich dir gegenüber eher öffnen und erzählen, was es beunruhigt, als jemand anderem. Du teilst eine spezielle Bindung, hast einen einzigartigen Zugang zu seinem Herz, und es hat erlebt, wie du dich auf greifbare Weise um es kümmerst. Es fühlt sich bei dir sicher. Verlässlich wirst du da sein, um es anzuleiten und ihm beizubringen, wie es mit Situationen und Problemen auf göttliche Art und Weise umgehen kann.

Mache es dir daher zur Aufgabe, eine starke Beziehung zu deinem Kind aufzubauen und zu pflegen. Umarmen und kuscheln, spielen, Geschichten erzählen, Seite an Seite Ämtchen erledigen, aufmerksam und mit Blickkontakt zuhören, wenn es dir etwas berichtet, das ihm wichtig ist. Dies sind nur einige der Möglichkeiten, wie du vom ersten Lebenstag an eine starke Bindung zu deinem Nachwuchs aufbauen kannst.

Zeige ihm schließlich bedingungslose Liebe von der Art, wie Jesus sie Petrus gezeigt hat. Bedingungslose Liebe sagt: „Ich liebe dich, weil du bist, nicht weil du etwas tust oder nicht tust. Ich liebe dich, egal wie du mich fühlen oder aussehen lässt." Bedingungslose Liebe zeigt sich in Grenzen und Konsequenzen, die nicht darauf abzielen, zu kontrollieren und zu dominieren. Sie zielen darauf hin, den göttlichen Charakter zu formen und aufzubauen, der notwendig ist, damit Kinder in jedem aktuellen Lebensbereich und in Zukunft wirklich gedeihen können.

Denkpause

Wie würdest du deine Beziehung zu deinem Kind beschreiben? Spielst du eher die Rolle des Verkehrspolizisten oder unterhältst du eine Herzensbeziehung?

Welche praktischen Schritte kannst du unternehmen, um mit deinem Kind eine engere Beziehung zu schaffen?

7. Warnsignale wahrnehmen

Erkennen, was wirklich los ist

Je stärker die Beziehung zu deinem Kind ist, desto leichter fällt es dir, Anzeichen und Signale zu erkennen, die darauf hinweisen, dass es möglicherweise mit einem Problem zu kämpfen hat und deine Hilfe bei der Bewältigung dieses Problems benötigt. Wenn du Veränderungen in seinem gewohnten Verhalten bemerkst oder spürst, dass etwas nicht in Ordnung ist, schau genau hin, was in seinem Leben geschehen ist oder gerade geschieht.

Mögliche Anzeichen eines Problems sind:

- Veränderungen des bekannten Verhaltens, z.B Aggressionen, Rückzug
- Traurige, verängstigte oder wütende Augen
- Vermeiden des Augenkontakts
- Asoziales Verhalten
- Ausweichende Antworten
- Verwirrung
- Rückzug in eine Fantasiewelt
- Spielt/zeichnet gewalttätige oder sexuelle Szenen

Merke dir gut, was du siehst

Kinder, besonders die ganz kleinen, leben im Hier und Jetzt. Sie brauchen Hilfe beim Lernen, das zu verarbeiten und damit umzugehen, was jeden Tag auf sie einwirkt. Boshafte Worte wie „Jeder hasst dich!" können manche Kinder zutiefst verletzen. Wenn der Vater oder die Mutter unmittelbar präsent ist, kann ein Vorfall wie dieser schnell verarbeitet werden. Am Abend aber kann es sein, dass ein Kind nicht mehr in der Stimmung ist, über das zu sprechen, was am Morgen geschehen ist. Die Chancen stehen gut, dass es damit *irgendwie fertig geworden*, aber dass das Geschehnis nicht unbedingt verarbeitet ist und *nicht angemessen damit umgegangen wurde*. Aus diesem Grund möchten wir dich ermutigen, dein Kind nach Möglichkeit selbst großzuziehen. Oder zumindest versuchen, da zu sein, wenn es zur Schule aufbricht oder nach Hause kommt. Möglicherweise musst du bestimmte Opfer erbringen, um mehr Zeit mit deinem Kind verbringen zu können. Aber es lohnt sich!

Esther erinnert sich:

„Meine Mutter musste mich nur kurz anschauen, als ich von der Schule nach Hause kam und schien sofort zu wissen, wie es mir ging. Als Teenager hat mich das manchmal genervt; aber ich war auch dankbar, dass sie sich um mich kümmerte. Unser Tagesablauf bestand darin, nach der Schule gemeinsam eine Tasse Tee zu trinken. Sie hörte mir aufmerksam zu und stellte mir Fragen über meinen Tag. Nichts war zu unbedeutend, um es nicht zu besprechen. Kein Problem war zu groß oder zu klein und wir brachten alles im Gebet zu Gott! Wenn ich wegen irgendetwas verärgert nach Hause kam, ermutigte mich das Gespräch mit meiner Mutter, so dass ich rasch alles ablegen und mich meinen Hausaufgaben widmen konnte!

Ich war meiner Mutter dankbar für die Sicherheit, die Wärme und den Trost, welche mir diese tägliche Routine gab, besonders als Teenager. So habe ich dieses Muster bis heute ebenso bei unseren Kindern angewandt. Dies ermöglicht es mir, zu erfassen, was in ihren Herzen und in ihrem Leben vor sich geht. Ich war zur Stelle, um ihnen beizubringen, wie sie schnell und adäquat mit Verletztheit oder Wut umgehen, vergeben und Fehler wieder in Ordnung bringen können. Ich bin so dankbar für dieses Privileg!"

Verarbeiten statt aushalten

Die Entwicklung eines gewissen Maßes an Belastbarkeit und einer dicken Haut ist für die Entwicklung einer gesunden Persönlichkeit von entscheidender Bedeutung. Wir reden nicht davon, unsere Kinder zu „ersticken" oder sie dazu zu bringen, ihre Seelen zu entblößen und über absolut alles mit uns zu sprechen. Wichtig ist, dass wir die Warnschilder lesen können und da sind, wenn sie Hilfe beim Umgang mit etwas benötigen. Wenn Kinder *ständig* alleine gelassen werden, um Dinge zu verarbeiten, entwickeln sie wahrscheinlich ungesunde Bewältigungsstrategien, so wie das

Leugnen einer Situation, Aggression, Leistung oder Drogen- Alkohol- und Lebensmittelmissbrauch. Wie viele Erwachsene verlassen sich wohl immer noch auf die gleichen, nicht hilfreichen Bewältigungsstrategien, die sie als Kinder entwickelt haben – und verletzen dadurch sich selbst oder andere?

Richtig reagieren, wenn sich die Kinder uns anvertrauen

„Ich bin für Euch *wie eine Mutter oder ein Vater*, ihr könnt euch mit jedem Anliegen an mich wenden!" Dies waren die freundlich gemeinten Worte eines Lehrers von Esther im achten Schuljahr.

Zur Mittagszeit riss ich (Esther) einst allen Mut zusammen und nahm diesen Lehrer beim Wort. Ich vertraute ihm an, dass die Bosheit und das Mobbing einer anderen Lehrerin unsere gesamte Klasse nerve. Ich klagte ihm, dass wir dies nicht mehr länger ertragen könnten und Hilfe brauchten. „Du hattest recht, mir dies anzuvertrauen", sagte er. „Ich werde das abklären." Weniger als zehn Minuten später stürmte die Lehrerin, die uns belästigt hatte, herein und beschuldigte mich, hinter ihrem Rücken über sie geklagt zu haben. Dies brachte mich zum Weinen. „Wie konnte mir unser Lehrer dies nur antun?" fragte ich mich innerlich und war geschockt. Es war das letzte Mal, dass ich mich einem Lehrer anvertraute.

Vielleicht hast du eine ähnliche Erfahrung gemacht? Du vertrautest dich jemandem an, nur um im Anschluss daran ausgelacht zu werden oder das Gefühl zu erhalten, dass das Problem gar nicht so schlimm sei. Du hast dich einer Person gegenüber geöffnet, nur um von ihr verraten zu werden. Ich bin mir sicher, dass du einer solchen Person nie wieder dein Innerstes offenbart hast! Vielleicht hast du dir sogar geschworen, niemals mehr Schwäche zu zeigen oder dich *jemandem* anzuvertrauen.

Wie wir auf unsere Kinder reagieren, wenn sie -verbal und nonverbal- mit uns kommunizieren, bestimmt, inwieweit sie uns künftig um Hilfe bitten werden. Wir können es nicht als selbstverständlich ansehen, dass sich unser Kind uns gegenüber öffnet – nur weil wir ihre Mutter oder ihr Vater sind. Kinder sind unglaublich aufmerksam und nehmen wahr, welche Signale wir aussenden. Zum Beispiel, ob wir wirklich zuhören oder mehr über den nächsten Anruf nachdenken, den wir tätigen sollten. Sie können spüren, ob wir sie im Grunde genommen als Last empfinden, ihre Existenz als Fehler betrachten oder aus irgendeinem Grund von ihnen enttäuscht sind.

Wenn sie sich öffnen, erwarten sie von dir, dass du ihnen zuhörst und sie unterstützt in Situationen, die sie nicht selbst bewältigen können.

Denkpause

Wie kannst du dich selbst so positionieren, dass du Signale deines Kindes besser wahrnimmst?

Wie gehst du mit verletzenden Situationen um (Bewältigungsstrategien)? Wie macht es dein Kind?

8. Eine christliche Denkweise

Kindliches Vertrauen und geistliche Wachsamkeit

Wir haben über die Wichtigkeit der Eltern-Kind-Beziehung und deine Anwesenheit im heilsamen Zuhause gesprochen. Aber wie können wir unsere Denkweise und das geistliche Klima in unserem Zuhause vorbereiten, damit wir effizient mit den Bedürfnissen und Problemen umgehen können, die an die Oberfläche kommen? Wir finden einen Schlüssel dazu, indem wir uns ansehen, wie Jesus auf die Kinder reagiert hat, die zu ihm gebracht wurden, als er auf Erden war.

Die richtige Adresse

Gott meint es ernst mit den Bedürfnissen der Kinder und wir müssen so sein wie sie, um von ihm etwas empfangen zu können. In Matthäus 19, Vers 13 lesen wir:

„Da wurden Kinder zu ihm gebracht, damit er die Hände auf sie lege und bete. Die Jünger aber tadelten sie.“

Vielleicht dachten die Jünger, die Kinder würden stören oder ablenken von seiner „wahren" Aufgabe, Erwachsene zu unterrichten, heilen und befreien. Dachten sie, dass es unter der Würde ihres Meisters lag, sich um kleine Kinder zu kümmern? Jesus aber sprach zu den Jüngern:

„Lasst die Kinder und wehrt ihnen nicht, zu mir zu kommen; denn solcher ist das Reich der Himmel!" (Matthäus 19,14)

Im nächsten Vers geht es weiter, und er legt seine Hände auf sie. Erst als er dies getan hatte, ging er weiter: *„Und nachdem er ihnen die Hände aufgelegt hatte, zog er von dort weg."*

Jedes Kind muss eine Art emotionales, körperliches oder geistliches Bedürfnis gehabt haben; deshalb hatten die Eltern ihre Kinder zu Jesus gebracht und er segnete sie. Kannst du dir die Liebe, den Segen, die Freude, die Kraft, die Heilung und die Freiheit vorstellen, die diese Kinder erhielten?

Wenn also Jesus hier auf Erden Kinder zu sich kommen liess und sich ihrer Bedürfnisse annahm, so will er dies ganz bestimmt auch vom Himmel aus tun. Ganz gleich, unter welchen Umständen dein Kind oder das Kind, welches du betreust, gezeugt wurde oder aufwächst, ganz gleich, wie es sich verhält oder mit welchen Problemen es möglicherweise konfrontiert ist: Gott liebt es und heisst es heute willkommen. Wenn du dieses Kind zu ihm bringst, wird er es nicht abweisen!

Ein kindliches Herz setzt Gottes Kraft frei

Hast du bemerkt, wie kleine Kinder ihren Eltern vollständig vertrauen? Missbrauch, Vernachlässigung oder starke Ablehnung durch einen Elternteil zerstört dieses Vertrauen. Ansonsten wird ein Kind instinktiv zu den Eltern aufschauen, um alle seine Bedürfnisse gestillt zu bekommen. Du bist das Zentrum der Welt dieses Kindes. In seiner Wahrnehmung wissen und können die Eltern einfach alles!

Diese von kindlichem Glauben und Vertrauen geprägte Herzenshaltung ist das, worüber Jesus spricht, wenn er sagt: *„denn solcher ist das Reich der Himmel.“* Wir brauchen diese Art von kindlichem Glauben, wenn wir unsere Kinder zu Gott bringen!

Diese Herzenshaltung ist gekennzeichnet durch:

- **Vertrauen:** Mein himmlischer Schöpfer ist der stärkste Vater im Universum.
- **Frieden und Sicherheit:** Ich weiß, wer mein himmlischer Vater ist und wer ich bin.
- **Leben in Gerechtigkeit:** Ich kenne die Einstellungen und Verhaltensweisen, die ihm gefallen.
- **Glauben:** Gott Vater kann alles tun.

Den richtigen Blickwinkel behalten

Eine der größten Herausforderungen für christliche Eltern besteht heutzutage darin, auf kindliche Art und Weise auf Gott zu schauen, insbesondere wenn Experten aus verschiedenen Fachgebieten mit Ratschlägen zur Stelle sind.

Als die Jünger versuchten, die Eltern und ihre Kinder von Jesus fernzuhalten, schienen auch sie vergessen zu haben, wer Jesus war und was er zu tun im Stande war. Als die Menschenmenge zu Jesus kam, kehrten sie zu einer weltlichen Denkweise zurück. Wie schnell kann uns das auch geschehen! Wir haben Jesus gesehen und wir folgen ihm. Wir wissen, was er in unserem Leben getan hat, aber wenn Probleme auftauchen, kehren wir zu unserer alten Denkweise zurück und verlassen uns auf uns selbst, um Lösungen zu finden! Diese Haltung hindert die Kraft Gottes daran, Wunder zu tun. Kindliches Vertrauen hingegen erwartet und glaubt, dass Gott helfen will und wird. Immer. Jedes Mal. Völlig zuverlässig.

Wurzeln von Problemen erkennen

So wie sich unsere Kinder instinktiv an uns wenden, müssen wir (wieder neu) lernen, uns im Namen unseres Kindes intuitiv an den Vater im Himmel zu wenden. Indem wir uns mit kindlichem Glauben an Gott wenden und ihm vertrauen, uns zu helfen, erlauben wir seinem Geist, uns zu zeigen, was mit unserem Kind los ist und was es in einer bestimmten Situation *wirklich* braucht.

Auf diese Weise vom Heiligen Geist geführt zu werden, hat uns im Laufe der Jahre viel Sorgen, Kraft und Energie gespart. So oft wir ein Kind im Gebet zu Gott brachten und Fragen wie die folgenden durchgingen, zeigte er uns die Wurzel eines Problems und anschließend den besten Weg, dem Kind zu helfen.

Zu berücksichtigende Fragen:

- Ist die Wurzel des Problems körperlich, emotional oder geistlich? Oder gar eine Mischung davon?

- Benötigt das Kind ärztliche Hilfe?
- Muss es lediglich über etwas sprechen, das es beschäftigt?
- Wurde mein Kind seelisch durch etwas verletzt, das ihm jemand gesagt oder angetan hat?
- Benötigt mein Kind Hilfe, um Dinge mit Gott und/oder anderen in Ordnung zu bringen?
- Steht es unter dämonischem Einfluss oder geistlichem Angriff?
- Benötigt es ein warmes Getränk, eine Umarmung oder muss es einfach gut schlafen?
- Benötigt es praktische Unterstützung?

Lass dich von unserem Herrn überraschen

Einige Probleme sind unkompliziert. Die Ursache oder Wurzel des Problems ist dann offensichtlich. Wenn dein Kind zum Beispiel von einer Mauer hinunterfällt und sich ein Bein bricht, liegt die Lösung auf der Hand: Man fährt ins Spital, um es behandeln zu lassen.

Aber auch in Situationen, die eine natürliche Lösung benötigen, pflege stets die Gewohnheit, dich eingangs an Gott zu wenden und ihn miteinzubeziehen. Wie er uns während eines heissen Sommers geholfen und überrascht hat:

Als unser jüngster Sohn in der sechsten Klasse war, brach er sich den Finger. Ein Gips bis zu seinem Ellbogen schien uns etwas übertrieben, aber es gab offenbar keinen Weg daran vorbei. Das Spital bestand darauf, dass er diesen benötigte. Dies bedeutete jedoch, dass Peter nicht ins Wasser konnte. Er war am Boden zerstört. Jetzt würde er nur am Ufer sitzen und seinen Freunden zusehen können, wie sie Spaß hatten – drei Wochen lang. So gingen wir im Gebet zu Jesus und glaubten an ein Wunder. Sein Jugendleiter in der Kirche war auch gläubig und betete um wundersame Heilung. Als Peter nur sechs Tage später zur Untersuchung ging, wurde sein Finger geröntgt, um sich zu vergewissern, dass der Knochen richtig zusammengewachsen war. Zu unserer Freude erklärte uns der Arzt, dass es nicht länger notwendig sei, den Gips wieder anzuziehen. Er brauchte ihn nicht mehr! Peter fragte den Arzt, ob es für ihn normal sei, einen Gips nach nur sechs

Tagen zu entfernen, worauf dieser antwortete: „Nein, das mache ich normalerweise nicht!" „Kann ich somit schwimmen gehen?" fragte Peter. „Ja, das darfst du, aber sei vorsichtig beim Tauchen. Dein Finger ist noch ein bisschen schwach und du willst ihn nicht noch einmal brechen!"

Los gings!

Als Jesus in den Himmel aufgenommen wurde, setzte er sich zur Rechten des Vaters (Markus 16,19). Warum setzte er sich? Weil er seinerseits vollbracht hatte, was notwendig war und seine Nachfolger bereits autorisiert hatte, die Arbeit in seinem Namen weiterzuführen (Matthäus 28,18-20). Bevor er sie verliess, lehrte Jesus:

„Wahrlich, wahrlich, ich sage euch: Wer an mich glaubt, der wird die Werke auch tun, die ich tue, und wird grössere als diese tun, weil ich zu meinem Vater gehe." (Johannes 14,12)

Somit können wir als seine Nachfolger dasselbe tun, wie Jesus als er seine Hände auf Kinder legte und deren Bedürfnisse stillte. Wenn wir kindlichen Glauben haben und auf Gott vertrauen, können wir unsere Hände auf unsere Kinder legen und ihnen dienen. Egal, was ihre Bedürfnisse sein mögen. Egal, wie groß oder klein sie sind. Wir tun dies im Namen Jesu Christi und nutzen seine Autorität. Es ist, als würden seine Hände sie berühren, während seine Auferstehungskraft durch uns fließt, um ihre Bedürfnisse zu stillen. Dies ist das Herz des heilsamen Zuhause.

Denkpause

Wie kindlich sind dein Glaube und dein Gottvertrauen?

Sprich mit Gott über allfällige Probleme, mit denen dein Kind zu kämpfen hat. Danke Gott dafür, dass er dein Kind willkommen heisst und Willens ist, zu helfen.

Stell dir vor, wie du im Namen Jesu deine Hände auf dein Kind legst und seine Bedürfnisse stillst.

9. Die Wichtigkeit der grossen Fragen

Ehrlichen und übernatürlichen Glauben bewahren

Du kannst alles in deiner Macht Stehende tun, um eine Atmosphäre des Glaubens und des Vertrauens in deinem Zuhause zu schaffen. Sobald dein Kind jedoch aus dem Haus geht, ist es Einflüssen und Erfahrungen ausgesetzt, die seinen Glauben herausfordern und große Fragen aufwerfen können. Wir wollten unseren Kindern die Möglichkeit geben, einen eigenen Glauben zu haben – inklusive der Gebete und Werkzeuge in diesem Buch – auf intellektuellem, praktischem und übernatürlichem Niveau. Deshalb machten wir es uns zur Aufgabe, mit unseren Kindern im Dialog und im Gebet darüber zu sprechen, was sie sowohl innerhalb wie auch außerhalb des Hauses gesehen und erlebt haben. Wir wussten, dass nicht verheiltes Leid und unbeantwortete Fragen das Potenzial haben, unsere innere Welt auf den Kopf zu stellen und den Glauben zu zerstören. Zweifel und Unglaube können, wenn sie grösser werden, Glauben und Vertrauen zerstören, was es den Kindern erschwert, alles zu empfangen, was Gott für sie bereithält.

Die Frage ist also, wie dein Kind Leiden und schmerzhafte Erfahrungen verarbeitet. Wie hilfst du ihm, seinen eigenen Glauben zu entwickeln? Welche Antworten kannst du auf große Fragen geben wie: Warum geschah dieses schmerzliche Ereignis? Warum versucht Gott nicht, die Welt besser zu machen? Warum scheitern Christen so oft? Wie kann ich antichristlichen Unterricht in der Schule mit dem vereinbaren, was ich zu Hause höre? Hat die Wissenschaft den Glauben nicht widerlegt? Was macht es für einen Unterschied, wenn ich glaube? Wie kann ich Sinn und Zweck im Leben finden? Zu diesen Fragen wurden ganze Bücher geschrieben. Wir können hier nur kurze Antworten auf einige dieser Fragen geben.

Warum macht Gott es nicht einfach besser?

Die folgende Anekdote zeigt einige Parallelen auf, welche dir bei der Beantwortung einiger dieser wichtigen Fragen helfen können.

Eines Tages war die Abwasserleitung hinter unserem Haus in Argentinien verstopft. In der Folge floss das Abwasser in unseren Hinterhof. Der Gestank war so schrecklich, dass der erste Sanitärinstallateur einen Blick in unseren Hinterhof warf, verschwand und nie mehr zurückkam. Schliesslich stellte sich heraus, dass jemand in der Nachbarschaft eine Hose die Toilette hinuntergespült hatte und diese das sehr enge Abwasserrohr blockierte. In gleicher Weise kann es Blockaden in unserem Leben geben, welche die Kraft Gottes am Fliessen hindern. Manchmal müssen wir genau herausfinden, was für Hindernisse dies sind und sie dann mit entsprechenden Gebeten entfernen. Blockaden können viele verschiedene Formen annehmen, einschließlich unserer eigenen Sünden, die Sünden anderer gegen uns, dämonische Einmischung sowie Unwissenheit und Missverständnisse darüber, wer Gott ist und was er für uns will.

Eine der größten Freiheiten, die Gott uns Menschen gegeben hat, ist der freie Wille. Wir können selbst Dinge auswählen und Entscheidungen treffen. Manchmal verletzen unsere Entscheidungen andere Menschen. In der oben beschriebenen Geschichte traf jemand eine nachlässige, selbstsüchtige Entscheidung, alte Kleidung nicht ordnungsgemäß zu entsorgen – und wir litten darunter. Um all das Leiden und die Ungerechtigkeit in der Welt zu stoppen, müsste Gott ständig eingreifen und die Entscheidungen der Menschen außer Kraft setzen.

Zusätzlich zum Leiden, das sich aus den Konsequenzen menschlicher Entscheidungen ergibt, zeigt die Bibel, dass einiges Leid mit dem Zustand der gefallenen Schöpfung zusammenhängt. Eines Tages wird Gott die Dinge wieder vollkommen machen und es wird kein Leiden mehr geben. In der Zwischenzeit können uns Dinge passieren, die er für seine Welt nicht unbedingt will. Menschen und Haustiere sterben, Naturkatastrophen vernichten Leben und verderben Landschaften. Was wir tun können ist trauern mit denen, die trauern.

Schließlich müssen Kinder wissen, dass wir einen aktiven Feind haben. Satan versucht alles, um unser Leben zu verderben. Er versucht, „Jeans" in allen Formen und Größen in unsere Versorgungssysteme zu stopfen. Wenn es nach ihm geht, soll es bei uns statt frischem Wasser stinkendes Abwasser geben. Wir werden später in diesem Kapitel mehr auf seine Rolle eingehen.

Wichtige Wahrheiten:

- Gott liebt mich und Jesus gab sein Leben für mich (Galater 2,20)
- Gott ist gut und gute Dinge kommen von ihm (Jakobus 1,17)
- Wir können uns entscheiden, Dinge zu tun, die uns und anderen schaden (Galater 5,13)
- Eines Tages wird Gott alles wieder herstellen und gerecht machen (Offenbarung 21,4)
- Wenn wir Gott lieben, können wir erwarten, dass er aus den schlechten Dingen, die uns geschehen, Gutes herausbringt (Römer 8,28)

Intellektuelle und praktische Fragen

Zwei unserer Söhne lernten in der Primarschule die Evolutionstheorie im Rahmen eines Dinosaurierprojektes. Wir hatten ihnen beigebracht, dass Gott Himmel und Erde erschuf. Was sie nun in der Schule hörten, warf die Frage auf: „Bedeutet das, was der Lehrer aufzeigt, dass ich nicht mehr an Gott und die Bibel glauben kann?" Daniel nahm sich Zeit, um diese Themen mit den Jungs zu diskutieren und zu recherchieren. In der Folge wuchsen sie sowohl intellektuell wie auch geistlich. Anstatt in ihrem Glauben Schiffbruch zu erleiden, begannen sie, sich ihren eigenen Glauben an einen mächtigen Schöpfergott anzueignen.

Wir brauchen keine Angst zu haben, mit unseren Kindern über Zweifel und intellektuelle Fragen zu sprechen. Gott kann es ertragen – und du kannst es auch lernen. Wenn du die Antwort auf eine Frage nicht kennst, sag einfach: „Das ist eine gute Frage. Ich weiß die Antwort nicht. Aber ich werde versuchen, eine zu finden. Reden wir später noch einmal darüber." Achte darauf, dass du auch wirklich nach Antworten suchst und das Thema so bald wie möglich wieder aufgreifst.

Kinder müssen einen Glauben entwickeln, der nicht nur ihre intellektuellen und emotionalen Fragen beantwortet, sondern auch in jedem Lebensbereich relevant ist und funktioniert. Nimm dir Zeit, um mit ihnen über Glauben und Wissenschaft, Lebensstil, Unterhaltung, Geld, Sexualität, Politik usw. zu sprechen. Lehre sie Gottes Herz und seine Werte und wie du diese in jedem Lebensbereich anwendest. Hilf ihnen, ihre Begabungen und ihren Lebenssinn zu entdecken, indem du ihnen Gelegenheit gibst, neue Dinge auszuprobieren und einen Beruf zu finden, in dem sie ihre Talente einsetzen können.

Glaube und Religion, ist dies dasselbe?

Einige kirchliche Systeme fördern Religion, Zweifel und Angst. Ein Freund eines unserer Söhne war sehr an Jesus interessiert, aber in seiner Kirche wurde ihm gesagt, dass die Bibel voller Widersprüche sei. Er wusste, dass wir an die Bibel glauben und fragte uns, was wir darüber denken. Wir hatten eine gute Diskussion darüber, warum wir glauben, dass die Bibel zuverlässig ist und wie sie uns hilft, heute ein erfülltes Leben zu führen.

Bemühe dich, Teil einer biblischen, geisterfüllten Gemeinde zu sein, wo du im Glauben wachsen kannst, unabhängig von der Denomination. Aber selbst wenn du in einer solchen Kirche bist, denke daran, dass dein Kind möglicherweise immer noch Hilfe bei der Verarbeitung des Gehörten und Gesehenen benötigt; keine Kirche ist perfekt! Sei wachsam, ohne zu kontrollieren. Sprich mit deinen Kindern darüber, was sie in der Sonntagsschule oder in der Jugendgruppe lernen. Denke daran, dass wir als Eltern, und eben nicht der Pastor oder die Sonntagsschullehrer letztlich für die geistliche Unterweisung unseres Kindes verantwortlich sind.

Die Bedeutung des Übernatürlichen

Kinder haben im Allgemeinen weniger Probleme als Erwachsene, an Wunder zu glauben und für solche zu beten. Oft können sie ganz selbstverständlich in die geistliche Welt hineinsehen. Als unser jüngster Sohn fünf Jahre alt war, saß Esther eines Nachts auf seinem Bett und unterhielt sich mit ihm; plötzlich berichtete er auf sachliche Weise, er hätte kürzlich einen Engel durch sein Zimmer fliegen sehen. Er sagte, dass es ihm ein gutes Gefühl gebe, zu glauben, dass Gott auf diese Weise über ihm wachte. Wir glauben, dass er für einen Moment in die geistliche Welt hineinsah und wirklich einen Engel gesehen hatte zu einer Zeit, als er ganz besonders Gottes Fürsorge brauchte.

Wenn die unsichtbare Welt und die übernatürlichen Dimensionen des Himmelreichs (z.B. Wunder) geleugnet oder rational erklärt werden, können sich Kinder stattdessen für das Okkulte zu interessieren beginnen. Der Grund dafür ist, dass das Paranormale die spirituelle Dimension ihres Seins anspricht. Das Okkulte setzt sie jedoch der unsichtbaren dämonischen Welt aus.[4]

Erkläre deinem Kind, dass es neben der Welt, die wir sehen, eine weitere gibt, die wir nicht wahrnehmen können. Ein unsichtbares geistliches Reich. Dieses besteht aus dem Reich des Lichts, in dem Gott geehrt und gehorcht wird, sowie dem Reich der Finsternis, in dem Satan gehorcht wird. Diese beiden Königreiche stehen – auch heute noch – im Konflikt zueinander. Zwischen den beiden tobt eine Schlacht, obwohl das Ergebnis bereits bekannt ist. Gott gewinnt! Satan und seine Dämonen sind *bereits* durch das Kreuz Christi (Kolosser 2,15) besiegt worden; sie arbeiten jedoch schwer, um die Menschen zu täuschen und sie zu verleiten, üble und zerstörerische Dinge zu tun (Offenbarung 12,9).

Kinder brauchen ein grundlegendes Verständnis dieses spirituellen Hintergrunds, um sowohl natürliche Fragen als auch dämonische Angriffe auf ihren Glauben bewältigen zu können. Sie müssen auch verstehen und wissen, dass sie Kinder Gottes sind und erstaunliche Kraft und Autorität haben, um den Feind in ihrem Leben zu besiegen und die Werke Christi zu tun (Epheser 1,19-20).

---

4   Für weitere Informationen siehe Abschnitt E.

Während deine Kinder den Sieg und die übernatürliche Kraft Gottes erfahren, die in und durch sie wirkt, wird ihr Glaube und ihr Vertrauen wachsen. Wir haben dies gesehen, als unser Sohn Samuel elf Jahre alt war. Seine Leistenverletzung wurde auf wundersame Weise bei einem Treffen für Kinder im Haus eines Freundes geheilt. Er sagte später an diesem Abend: „Ich habe mich in der Vergangenheit manchmal gefragt, ob Gott wirklich existiere. Aber jetzt weiß ich, dass er lebt, weil ich seine Kraft an meinem eigenen Körper erfahren habe. Er hat mich geheilt. Ich konnte mein Bein vorher nicht richtig anheben, und jetzt kann ich es!"

Denkpause

Glaubst du, dass dein Kind Zweifel oder Schwierigkeiten hat, Gott zu vertrauen?

Welcher Einfluss, welche Ereignisse oder Menschen mögen den Glauben und das Vertrauen deines Kindes negativ beeinflusst haben?

10. Ein heilsames Zuhause schaffen

Zehn praktische Schritte, um deine Rolle einzunehmen

Das heilsame Zuhause ist ein Ort, an dem sich jedes Familienmitglied geliebt, geschätzt und sicher fühlt, ein Problem teilt, Schwäche zeigt und Fehler macht. Es kann Zeit und Mühe kosten, die Atmosphäre und die Beziehungen in deinem Zuhause zu verändern – aber es ist nie zu spät, um damit anzufangen. Mit den folgenden zehn Schritten kannst du dich in die richtige Richtung bewegen.

1. Schaffe eine Kultur, wo Jesus Christus im Zentrum steht

Eine „Familienkultur" ist die Summe der Überzeugungen und Einstellungen, Verhaltensweisen und früheren Erfahrungen, die jeder Elternteil in die Familie bringt. Als Christen muss die Kultur unseres Zuhauses biblischen Werten, Anweisungen und Wahrheiten unterstellt und durch diese verändert werden. Wenn dies geschieht, richten wir uns nach der Mission Christi aus (Lukas 4,18) und unser Zuhause wird zu einem Ort der Heilung, der Freiheit und der Veränderung.

2. Lass Gott in dir wirken

Wir waren beide fest entschlossen, ein heilsames Zuhause zu schaffen, weil Heilungs- und Befreiungsgebete unser eigenes Leben revolutioniert hatten. 2. Korinther 1,4 sagt, dass wir andere mit dem Trost versehen können, den wir selbst erhalten haben. Mit anderen Worten können wir unseren Kindern nicht weitergeben, was wir von Gott nicht selbst empfangen haben. Viele Eltern haben Schwierigkeiten, ihre eigenen Kinder zu trösten, weil sie Schmerzen im eigenen Herzen haben.

Überlege:

- Habe ich Gottes Trost in meinem Leben empfangen?
- Bin ich sicher, dass Gott mich liebt? Liebe ich mich selbst?
- Erlaube ich mir, Probleme zu haben und Fehler zu machen?

Wir sprachen darüber, einen ehrlichen Blick auf dein eigenes Leben zu werfen und Gott zu erlauben, dir alle Bereiche deines Lebens aufzuzeigen, die noch der Heilung oder der Korrektur bedürfen. Während Gott in deinem Leben wirkt, erhöht sich deine Fähigkeit, die Bedürfnisse deines Kindes effizient zu stillen. Wenn dein Selbstvertrauen und deine Autorität zunehmen, kannst du auch die Angriffe des Bösen auf das Leben deines Kindes erkennen und ihnen widerstehen.

3. Die Elternrolle einnehmen

Wenn du dich auf die Erziehung konzentrierst (die Fähigkeiten und Prozesse, die zur Unterstützung der Entwicklung beitragen) statt auf die Mutter- oder Vaterschaft (der Zustand, in dem du Vater oder Mutter bist), wirst du dich unsicher fühlen. Wenn du dich beispielsweise auf die Erziehung konzentrierst und feststellst, dass dein Kind ein Problem hat, bemühst du dich, die richtige Methode oder Strategie zu finden. Wenn du jedoch von der Elternschaft ausgehst, kannst du zuversichtlich sein, dass sich die Lösung aus deiner Beziehung zu Gott und deinem Kind ergeben.

Wir können die Elternschaft annehmen, weil es Gottes Idee ist, nicht unsere. Er ist der himmlische Vater. Das Verständnis des Vaterherzens Gottes ist sowohl für deine eigene Beziehung zu Gott als auch für diejenige zu deinem Kind von grundlegender Bedeutung. Deine einzigartige Eltern-Kind-Beziehung wurde im Herzen von Gott geboren und dein Kind braucht eine Verbindung zu *dir*. Wer sonst ist denn in der Lage, die Kinder so ganz zu kennen, sie bedingungslos zu lieben und sie selbstlos grosszuziehen? Durch Methoden und Strategien wird es nicht gelingen.

4. Prioritäten setzen und fokussiert bleiben

Wie viele Kinder werden heute in ihrem Wesen eingeengt, um sie an das Erwachsenenleben anzupassen? Wie viele fühlen sich fallen gelassen und versuchen, die Welt und das Leben zu verstehen, und fragen sich, ob jemand den inneren Schmerz bemerkt oder sich überhaupt darum kümmert? Wenn du nicht da bist, um dein Kind zu leiten und zu unterstützen, wird es wahrscheinlich woanders hinschauen – oder nirgendwo hin. Wenn dein Teenager nicht mit dir spricht, spricht er/sie möglicherweise mit niemandem. Und das ist ein sehr einsamer Ort.[5] Ein Schweizer Sechzehnjähriger sagte:

„Einige meiner Freunde haben mit großen Problemen zu kämpfen wie die Scheidung der Eltern oder Depression, aber wir kommen selten über oberflächliche Gespräche hinaus. Keiner von uns möchte das Gesicht verlieren oder Schwäche zeigen. Würden wir es tun, würden wir nie darüber hinwegkommen. Es ist sicherer, den Schein zu wahren und Urlaubsfotos und ähnliches auf Instagram zu veröffentlichen."

Bleibe also fokussiert und ordne deine Prioritäten regelmäßig. Achte auf Angelegenheiten, die dich vor allem in kritischen Zeiten von deinen Kindern abhalten; sei es Arbeit, ein Dienst in der Gemeinde, andere Menschen oder Materielles. Mache deine Kinder zu deiner obersten Priorität – auch wenn es bedeutet, den Job oder die Gemeinde zu wechseln – ein Projekt oder ein Hobby aufzugeben, um mehr zu Hause sein zu können.

5. Da sein für die Kinder

Da zu sein für die Kinder heisst nicht einfach, miteinander Ferien zu verbringen oder am Wochenende Ausflüge zu machen, egal was die Leute sagen. In ihrer Nähe zu sein kann mehr bedeuten als du denkst. Entscheide dich, wo immer möglich, weniger andere Dinge zu tun, um mehr Zeit zu haben für deine Kinder.

Ein Kind spürt in aller Regel den Unterschied zwischen einem Elternteil, der sich nicht mehr Zeit für es nehmen kann, und einem, der nicht will. Wenn du momentan keine andere Wahl hast, und du dir nicht mehr Zeit für deine Kinder nehmen kannst, versichere ihnen, dass du mehr Zeit für sie haben möchtest, wenn dies möglich wäre. Versprich ihnen, dass du den ganzen Tag an sie denken und für sie beten wirst.

---

5   Dr. Gordon Neufeld begründet dies mit seiner langjährigen Erfahrung als Entwicklungspsychologe. Weitere Informationen hierzu in seinem Buch: *Unsere Kinder brauchen uns! Die entscheidende Bedeutung der Kind-Eltern-Bindung*

6. Der Kommunikation Priorität geben

Das Schaffen von Möglichkeiten zur effizienten Kommunikation mit deinem Kind erfordert in der geschäftigen Welt von heute Geschick und Entschlossenheit. Wirkungsvolle verbale und nonverbale Kommunikation ist jedoch der Schlüssel zu einem heilsamen Zuhause. Wie sonst können wir hoffen, das aufzuschnappen, was ein Kind zwischen den Zeilen sagt? Dies ist ein sehr entscheidender Schritt beim Schaffen eines heilsamen Zuhauses. Im Anhang haben wir Vorschläge zur Verbesserung der häuslichen Kommunikation beigefügt.

7. Probleme anschauen

Wir alle werden verletzt und stehen vor Herausforderungen. Wir sündigen und sind Ziel von dämonischen Angriffen. Je eher wir uns dieser Realität stellen, desto schneller können wir lernen, wie Gott möchte, dass wir mit diesen Unzulänglichkeiten umgehen können. Wenn die Heilungs- und Befreiungskultur in deinem Zuhause wächst, werden Probleme ans Tageslicht kommen. Für viele Menschen ist dies unangenehm, und es kann beängstigend sein. Aber sich der Wahrheit zu stellen, ist der erste Schritt zu Heilung und Freiheit. Vertraue dem Herrn, dass er dir hilft, kühn und ehrlich mit Problemen umzugehen.

In gleicher Weise sind Meinungsverschiedenheiten und Konflikte Teil des Lebens. Keine Familie ist sich in allem einig. Kinder müssen erfahren können, dass ihre Stimme gehört und ihre Meinung geschätzt wird – auch wenn sie deine Entscheidungen nicht immer verstehen oder ihren Willen nicht immer durchsetzen können. Halte die Kommunikation aufrecht und behalte immer den Respekt vor deinen Kindern. Es kann Zeit, Geduld und starke Nerven erfordern, um etwas mit einem Kind zu bereden, bis man wieder einen Punkt des Friedens erreicht, aber es lohnt sich.

8. Einen sicheren Ort schaffen

Die meisten großen Gemeinden haben ein Kleingruppensystem, weil Menschen in einer grossen Versammlung leicht verloren gehen können.

Die Familie ist die ultimative Kleingruppe. Als Mutter und Vater ist es deine Aufgabe, einen sicheren Ort zu schaffen, in dem dein Kind gedeihen und geistlich wachsen kann.

Ein solches Daheim ermöglicht den Kindern Vieles:

- Lies und höre auf Gottes Wort; rede mit deiner Familie darüber!
- Lege Zeiten der Stille und der Besinnung fest!
- Erzähle allen, was der Herr in deinem Leben tut!
- Rede mit den Sprösslingen darüber, wie Gott sie benutzen kann, um anderen zu helfen!
- Sprich über Schwierigkeiten oder Probleme, mit denen sie möglicherweise konfrontiert werden!
- Betet füreinander um Heilung und Befreiung!
- Betet für Menschen ausserhalb der Familie!

Empfohlene Grundregeln:

- Keine Situation ist zu klein oder zu dumm, um darüber zu reden, wenn jemand möchte
- Wir hören aufmerksam zu, wenn jemand anderes spricht
- Wir behalten das, was wir in der Gruppe gehört haben, für uns

9. Etabliere die Heilungs- und Befreiungskultur

Kinder können belastet nach Hause kommen von dem, was sie gesehen, gehört oder erlebt haben. Eine erlebte Gemeinheit in der Schule, ein Streit mit einem Freund, eine Prüfung, die schief gelaufen ist, ein Unfall, den sie auf dem Heimweg gesehen haben. Oder sie sind einfach allgemein unglücklich und einsam. Mache es dir zur Gewohnheit, Kindern bei der Bewältigung von Problemen zu helfen, während sie diese mit dir teilen. Verwende dazu die Gebete für Heilung und Befreiung in den folgenden Abschnitten. Du kannst dies völlig zwanglos tun, bei einem Snack nach der Schule oder zu einem vereinbarten Zeitpunkt, an dem du etwas vertiefter mit ihnen sprichst und betest.

Erkläre deinen Kindern, dass Gott an unserem täglichen Leben, unseren Lasten und Sorgen interessiert ist. Ermutige sie, Dinge die sie stören, sofort zu Gott zu bringen. Wenn dein Kind erlebt, wie Gott in alltäglichen Situationen persönlich hilft, wird seine eigene Beziehung zum Herrn gestärkt. Schließlich wird der Umgang mit Problemen mit Gottes Hilfe zu einer Gewohnheit.

10. Schaffe Raum für tiefgreifende Heilung

Nimm Signale ernst, die darauf hinweisen, dass dein Kind mit tieferen Problemen zu kämpfen hat. Vertraue deinem Bauchgefühl und deinem Gesamteindruck. Stelle sicher, dass dein Kind weiß, dass du seine Sorgen ernst nimmst und dass es dich um Hilfe bitten kann. Schaffe Raum, um herauszufinden, was es beklemmt, und versichere ihm, dass du es liebst — egal, was gerade geschieht.

Probleme können einige Zeit in Anspruch nehmen, um sie durchzubeten und durchzuarbeiten. Plane für diesen Zweck einen regulären Termin und schreibe ihn in deine Agenda. Gib der Verabredung mit deinem Kind die gleiche Priorität wie einem geschäftlichen Meeting. Wenn du die Wurzel des Problems identifiziert hast, gebrauche die Heilungs- und Befreiungsgebete. Unterstütze dein Kind weiterhin auf diese Weise, bis dass es das Problem überwunden hat und es weitergehen kann.

Denkpause

In welcher Atmosphäre bist du in deinem Elternhaus aufgewachsen?

In welcher Weise ist dein Zuhause bereits ein heilsames Zuhause? Welche Schritte könntest du heute unternehmen, um in deiner Familie eine heilsame Kultur zu entwickeln?

11. Die Kraft von Gottes Wort

Die Rolle der Bibel beim Überwinden von Problemen

Unsere Eltern haben Gottes Wort geliebt und ihr Leben und Handeln auf die biblische Lehre gegründet. Als Kinder haben wir erlebt, wie unsere Eltern für sich die Bibel gelesen und studiert haben. Wir haben zu Hause darüber gesprochen. Dies war ein lebendiger und aktiver Bestandteil unserer Kindheit.

Wir lernten beide von klein auf Bibelverse auswendig. Wir stellten fest, dass wir uns oft genau dann an diese Verse erinnerten, wenn wir sie brauchten. Dies stärkte unser eigenes Interesse an der Bibellese und am Gebetsleben, als wir älter wurden.

Egal, ob du die Bibel bereits gut kennst oder du deinem Kind im Glauben nur wenig voraus bist: Erzähle ihm biblische Geschichten und hilf ihm dabei, Bibelverse auswendig zu lernen. Du wirst ein unbeschreiblich reiches Fundament in sein Leben legen!

Gottes Wort hat die Kraft zu heilen und zu befreien

Was ist denn das Besondere an der Bibel? Kann ein Märchenbuch nicht den gleichen Sinn und Zweck erfüllen? Im Gegensatz zu anderer Literatur ist die Bibel von Gott inspiriert und enthält ewig gültige Wahrheiten. Diese erfüllen über Generationen und Kulturen hinweg die individuellen Bedürfnisse ihrer Leserschaft und dienen ihr (2. Timotheus 3,16).

Die Bibel ist weit davon entfernt, ein veraltetes und verstaubtes Buch zu sein; sie ist immerzu frisch und relevant für Kinder. Unser ältester Sohn war fünfzehn, als er es so ausdrückte: „Die Bibel ist unglaublich. In einer Geschichte gibt es immer wieder etwas Neues zu entdecken – auch in den Geschichten, die ich schon oft gehört habe. Kein anderes Buch ist vergleichbar spannend und lehrreich. Es ist so cool!"

Die Kraft von Gottes Wort, Kinder zu berühren, ist nicht zu unterschätzen. Kinder müssen es hören und ihm Raum geben, damit es in ihren Herzen wirken kann. Dies ist ein wichtiger Teil der Vorbereitung für die Heilung und Befreiung von Kindern. Die Bibel ist:

„...lebendig und wirksam. Schärfer als jedes zweischneidige Schwert, und es dringt durch, bis es scheidet sowohl Seele als auch Geist, sowohl Mark als auch Bein...“ (Hebräer 4,12)

Ebenso verspricht Gott, dass es eine Wirkung haben wird:

„...genauso soll auch mein Wort sein, das aus meinem Mund hervorgeht: Es wird nicht leer zu mir zurückkehren, sondern es wird ausrichten, was mir gefällt und durchführen, wozu ich es gesandt habe!“ (Jesaja 55,11)

Geschichten aus der Bibel

Die Männer und Frauen in der Bibel sind in vielerlei Hinsicht ähnlich wie wir selbst! Sie mögen andersartige Kleider getragen und eine andere Sprache gesprochen haben; sie hatten jedoch mit ähnlichen Umständen zu kämpfen wie wir: sie wurden seelisch verletzt, sie sündigten oder wurden von Dämonen angegriffen. Sie waren einsam, ängstlich, rebellisch und hatten mit negativen Gefühlen wie Eifersucht und Hass zu kämpfen. Einige haben ihre Missstände überwunden und sind zu Vorbildern geworden; andere haben es nicht geschafft und sollen uns als Warnung dienen. Die meisten Kinder lieben Geschichten. Deshalb eignen sich biblische Geschichten sehr gut, um deinem Kind dabei zu helfen, vergleichbare Probleme in seinem eigenen Leben zu überwinden.

Es gibt viele kreative und unterhaltsame Möglichkeiten, deinem Kind zu helfen, Gottes Wort kennen und lieben zu lernen. Neben einer Fülle von illustrierten Bibeln für jedes Alter gibt es auch Apps, Andachten, Bibel-Cartoons und Filme. Warum auch nicht gemeinsam eure Lieblingsgeschichten aus der Bibel zeichnen, modellieren und fotografieren? Am Schluss dieses Kapitels stehen einige Vorschläge für Bibelgeschichten, welche du für bestimmte Themen verwenden kannst.

Zeugnisse von Gottes Eingreifen

Wenn Gott etwas tut, teile es mit den anderen in der Familie. Es kann alles Mögliche sein: Von der Suche nach einem verlorenen Schlüssel oder dem Beten für die Heilung von Kopfschmerzen bis hin zu einem Wunder, von dem du von anderen Christen gehört hast. Gewöhne dich daran, solche Zeugnisse von Gottes Eingreifen regelmäßig während dem Essen oder vor dem Zubettgehen zu teilen. Dies schafft eine Atmosphäre des Glaubens in deinem Zuhause und eine Erwartung, dass der Gott der Bibel Wunder in unserem eigenen Leben und im Leben unserer Mitmenschen vollbringen kann und will!

Fiktive und biografische Geschichten

Eine Geschichte miteinander lesen ist etwas, das viele Eltern und Kinder gerne tun. Warum nicht passende Geschichten hinzufügen, welche die Situation veranschaulichen, in welcher sich dein Kind befindet und die helfen, dass du mit deinem Kind über die Situation sprechen und mit ihm beten kannst?

Ältere Kinder lieben wahre Geschichten, die ihren geografischen und historischen Horizont erweitern. Hier sind drei bekannte Beispiele:

Als Kind hasste **Amy Carmichael** (1867-1951) ihre braunen Augen und bat Gott, sie blau zu machen. Sie war enttäuscht, als er ihre Gebete nicht erhörte. Später, als sie Missionarin in Indien war, stellte sie bald fest, dass ihre braunen Augen ihr halfen, sich vor Ort besser zu integrieren. Gott hatte sie perfekt für den Job geschaffen, den er für sie vorgehabt hatte.

Nachdem entdeckt worden war, dass ihre Familie im Zweiten Weltkrieg Juden versteckt hielt, wurde **Corrie Ten Boom** (1892-1983) in ein Konzentrationslager geschickt. Sie überlebte unbeschreibliche Grausamkeiten, aber ihre Schwester starb. Jahre später stand Corrie unerwarteterweise einem ihrer Peiniger gegenüber – und konnte ihm vergeben.

Eric Liddell (1902-1945) konnte sich 1924 für die olympischen Sommerspiele in Paris qualifizieren. Dann fand er heraus, dass seine Parade- Disziplin, der 100-Meter-Lauf, auf einen Sonntag festgelegt worden war. Er weigerte sich, am Tag des Herrn zu rennen, geriet deshalb unter großen Druck und erntete viel Spott. Trotzdem hielt er an seiner Überzeugung fest und startete stattdessen an einem anderen Tag zum 400-Meter-Lauf. Zu jedermanns Erstaunen gewann er unerwartet die Goldmedaille!

Denkpause

Wie gut kennst du Gottes Wort? Nimmst du dir Zeit, um täglich darin zu lesen und es zu studieren?

Welche biblische Geschichte könnte deinem Kind helfen, ein/das Problem zu überwinden mit welchem es momentan ringt?

Gibt es eine Biografie oder ein Zeugnis von Gottes Handeln, welches in diesem Bereich helfen könnte?

Geschichte	Bibelstelle	Problem	Biblische Wahrheit
David & Goliath	1. Samuel 17,1-52	Angst	Gott hilft mir, Angst in meinem Leben zu besiegen.
David und Mephiboseth	2. Samuel 9,1-13	Ablehnung	Gott liebt und akzeptiert mich. Ich kann immer bei ihm sein.
Zachäus	Lukas 19,1-10	Wiederherstellung	Jesus vergibt mir und hilft mir, die Dinge wieder in Ordnung zu bringen.
Ruth	Ruth 1-4	Fehlende Verwurzelung, Verlust	Ich kann zu Gottes Volk gehören. Mit Gottes Hilfe kann ich wieder glücklich sein.
Gideon	Richter 6-7 (besonders 6,12; 15-16)	Minderwertigkeitsgefühl; Dominanz; die Macht negativer Worte	Gott sieht mich. Ich bin ein mächtiger Krieger.
Joseph	1. Mose 37, 39-47,12	Zerrüttete Familie; traumatische Ereignisse.	Gott hält seine Hand über meinem Leben. Er ist bei mir, so dass mir alles zum Guten dient.
Saul	1. Samuel 13,1-15; 15, 1-34	Rebellion	Gott möchte, dass ich ihm in meinem Herzen und in meinem Handeln gehorche.
Esther	Esther 1-10	Schicksal; Einschüchterung	Gott hat einen Sinn für mein Leben und macht mir in jeder Situation Mut.
Jesus Christus	Johannes 19	Missbrauch, Misshandlung; falsche Anschuldigung, Verrat	Jesus wurde schwer misshandelt. Er hat gelitten und versteht meinen Schmerz. Er hat es am Kreuz auf sich genommen, damit ich frei und geheilt sein kann.
Der unbarmherzige Knecht	Matthäus 18,23-35	Vergebung	Ich vergebe anderen, so wie Gott mir vergeben hat.
Petrus	Johannes 18,15-18,25-27; 21,15-19	Versagen, Scham	Ich kann zu Jesus kommen, wenn ich versage. Er nimmt meine Schuld und Scham.

Werkzeuge für die emotionale Heilung

WERK-
ZEUGE FÜR
EMOTIO-
NALE
HEILUNG

12. Kindern zeigen, wie sie Verletzungen überwinden können

Das rasche Heilen von Verletzungen vermeidet spätere Probleme

Egal, wie sehr du dich bemühst, dein Kind zu schützen, es wird verletzt oder gekränkt werden. Irgendwann. Von einer Person oder durch eine bestimmte Situation. Auch die besten Eltern können nicht immer da sein und ihr Kind vor Verletzungen schützen. Die gute Nachricht ist jedoch, dass du dennoch etwas tun kannst. Du kannst ihm beibringen, wie es mit grossen und kleinen seelischen Verletzungen umgehen kann, indem du es mit jemandem in Kontakt bringst, der in der Lage ist, es zu heilen. Sein Name ist Jesus Christus, der Retter dieser Welt.

Die Bibel sagt uns, dass dieser Jesus unsere Krankheit und Schmerzen getragen hat, und dass wir durch seine Wunden geheilt sind (Jesaja 53,4-5). Gott wusste, dass du nicht selbst jede Verletzung deines Kindes löschen oder an seiner Stelle leiden könntest; aus diesem Grund hat er selbst es an deiner Stelle getan. Als er am Kreuz hing, ertrug er jeden Schmerz und Kummer, dem dein Kind jemals begegnen wird. Sein Tod und seine Auferstehung bedeuten, dass dein Sprössling nicht mit den Verletzungen leben und die Konsequenzen nicht für den Rest seines Lebens ertragen muss. Sein Schmerz kann am Kreuz gegen Frieden und Trost eingetauscht werden.

Seelische Wunden heilen und Infektionen vorbeugen

Schmerzen sind wie Wunden, die behandelt werden müssen, um richtig zu heilen. Selbst ein scheinbar kleiner Schnitt kann zu Komplikationen führen, wenn eine Infektion daraus entsteht. Deshalb desinfizieren und überwachen wir die Schnitte und Kratzer unserer Kinder.

In gleicher Weise erfordern emotionale Wunden eine geistliche Reinigung und einen Verband, um gut abzuheilen. Wenn sie unbehandelt bleiben, können sie eine geistliche Infektion verursachen, zum Beispiel durch schädliche Reaktionen wie Unversöhnlichkeit, Bitterkeit oder Ablehnung. Wenn sie statt geheilt weiterhin genährt werden, weichen diese Emotionen schliesslich wenig hilfreichen Denkmustern und dämonischen Festungen, die wiederum destruktive Entscheidungen und Verhaltensweisen begünstigen.

Ein Beispiel für den Umgang einer Verletzung aus dem Alltag

Der siebenjährige Noah kommt eines Tages von der Primarschule nach Hause. Er wirkt leiser als sonst, ein bisschen traurig. Seine Mutter gibt ihm zu trinken. Sie spürt, dass etwas nicht stimmt und fragt ihn, wie sein Tag verlief und wie es seinem besten Freund Joe gehe. Bald ist sie überrascht, dass er Joe offensichtlich plötzlich hasst.

„Warum hassest du ihn?", fragt sie.

„Er hat mich ausgelacht. Er spottete, ich hätte große Füße und große Ohren. Und alle anderen denken das auch."

„Woher weißt du, dass das jeder denkt?", erkundigt sich seine Mutter.

„Weil alle andern mich auch ausgelacht haben."

Noah fängt an zu weinen. Seine Mutter nimmt ihn in die Arme und tröstet ihn. Als Noah aufgehört hat zu weinen, schaut ihm seine Mutter in die Augen und meint:

„Weißt du, egal was jemand über dich, deine Füße oder Ohren denkt, ich mag dich so wie du bist. Ich liebe dich! Und weißt du was? Gott tut es auch! Kinder sind alle verschieden. Manche sind groß, andere klein. Manche können schnell laufen, andere nicht. Manche können gut rechnen, andere finden es schwierig. Jeder hat etwas an sich, worüber jemand anderes lachen könnte, wenn er wollte. Menschen können gemein sein – auch die besten Freunde. Diese Momente sind schrecklich und tun wirklich weh. Aber Gott weiß, wie es sich anfühlt, wenn Menschen uns gegenüber gemein sind. Weil sie auch zu Jesus schreckliche Dinge sagten. Sogar seine besten Freunde hatten ihn verlassen! Wollen wir mit Jesus über das reden, was Joe und diese anderen Kinder zu dir gesagt haben?"[1]

Beachte, dass Noahs Mutter seine Gefühle nicht kleingeredet hat. Sie hat ihm nicht gesagt, er solle sie einfach von sich weisen. Sie sagte ihm auch nicht, er solle sich zusammenreissen. Sie hat seine Gefühle nicht ignoriert. So, wie sie sich bemüht hätte, ein verletztes Knie sorgfältig zu desinfizieren, wusste Noahs Mutter, dass es sich lohnt, auch eine emotionale Wunde schnell zu behandeln. Also nahm sie sich Zeit für ein Gespräch und bot ihm an, mit ihm über seinen Tag zu beten.

Der gesunde Umgang mit Kränkungen – auch mit einfachen – vermeidet spätere Probleme. Ohne die Heilung seiner Verletzung hätte Noah wie folgt reagieren können:

- Selbstablehnung: „Jeder hasst mich. Es muss wirklich etwas falsch sein mit mir. Ich hasse mich!"
- Aggression: „Wenn mich sowieso alle hassen, gebe ich ihnen einen Grund, damit sie mich wirklich hassen können."
- Sich zurückziehen: „Wenn mich auch mein bester Freund auslacht, geht es mir am besten, wenn ich allein bin. Wer braucht schon Freunde?!"

Ist das Ganze wirklich so einfach?

Kann der Umgang mit einer seelischen Verletzung wirklich so einfach sein: Mit einem Kind über die schmerzhafte Situation sprechen und es dann einladen, seinen Schmerz im Gebet zu Jesus zu bringen? Auf Grund unserer Erfahrung können wir dies voll bejahen! Wenn jedoch eine Verletzung tiefer sitzt oder es sich herausstellt, dass sie bereits seit einiger Zeit da ist und sich zu einer Infektion entwickelt hat, ist es notwendig, dass du dies mit einer Kombination von Heilungs- und Befreiungsgebeten als Teil eines Heilungsprozesses behandelst, der etwas Zeit in Anspruch nehmen kann.

---

1   Dieses Beispiel wird am Ende des nächsten Kapitels fortgesetzt.

Was auch immer erforderlich ist, denke daran, dass du einem Kind zu einem *vollmächtigen Lebensstil* verhilfst; ein Lebensstil, welcher ihm hilft, Schmerzen und geistlich infizierte Wunden künftig zu vermeiden.

Denkpause

Wie vertraut bist du mit der Idee, dass emotionale Schmerzen behandelt werden müssen, um eine geistliche Infektion zu vermeiden?

Danke Jesus Christus, dass er die Schmerzen und Verletzungen deines Kindes mit ans Kreuz genommen hat und dein Kind durch seine Wunden geheilt wird (Jesaja 53,4-5).

13. Wie man vergibt und mit Verletzungen umgeht

Gebete zur Heilung verletzter Gefühle

Viele innere Schmerzen bei Kindern können in drei einfachen Schritten geheilt werden. Diese bei Verletzungen vorgeschlagenen Gebete wirken, weil sie in ewiger Wahrheit verwurzelt sind. Tatsächlich kannst du ganz einfach die drei in der Textbox unten aufgelisteten Gebete mit deinem Kind anwenden. Der Herr wird dich erhören und dein Kind berühren. In diesem Kapitel werden die einzelnen Schritte ausführlich erklärt. Dies gibt dir das Vertrauen, dein Kind durch diese Gebete zu führen, selbst wenn es älter wird und beginnt, eindringliche Fragen zu stellen.

Wenn du diese Gebete verwendest, verlasse dich auf die Führung und die Leitung des Heiligen Geistes. Er ist bei dir und wird durch dich wirken, um dein Kind zu heilen. Denke daran, die Worte und Begebenheiten an das Alter und die Umstände deines Kindes anzupassen.

GEBETE BEI VERLETZUNGEN

1. Sage Jesus, was dich verletzt hat oder warum du dich traurig fühlst.

2. Bitte Jesus, deinen Schmerz zu heilen.
   (Lege deine Hand auf dein Herz während du dies tust).

3. Vergib der Person, die dich verletzt hat.
   (Balle deine Faust. Während du deine Faust öffnest, kannst du sagen: „Ich vergebe dir").

Du kannst sagen...

1. „**Hallo Jesus**! Ich fühle mich verletzt, weil... "

2. „**Bitte** Jesus, heile mein Herz."

3. „**Ich vergebe**... für was sie mir gesagt oder getan haben."

Danke Jesus, dass du meinen Schmerz geheilt hast!

Schritt 1. Sag Jesus, was dich verletzt oder warum du innerlich traurig bist

Es ist wichtig, dass Kinder ihre wahren Gefühle ausdrücken können, wenn sie verletzt werden. Du kannst ihnen sagen, dass einer der berühmtesten Songwriter der Geschichte ein König namens David war, der es sehr gut beherrschte, Gott zu sagen, wenn er verletzt, beleidigt und enttäuscht wurde.[2] Er schrie zu Gott und bat ihn um Hilfe, Trost und dass er ihn beschützen möge. Schliesslich dankte er Gott für seine Güte.

Bevor David König wurde, sang er seine Lieder und erledigte andere Arbeiten im Palast für einen anderen König namens Saul. Aber Saul war nicht daran interessiert, mit Gott so gut befreundet zu sein wie David. Er war mehr darauf aus, König zu sein und von seinen Untertanen gemocht zu werden. Deshalb sprach Saul selbst nicht oft mit Gott, während er manchmal Propheten bat, sich an seiner Stelle mit Gott zu unterhalten. Als die Leute anfingen, David mehr zu mögen als ihn, fühlte sich Saul sehr schlecht. Aber er sagte Gott weder, wie eifersüchtig und verletzt er war, noch bat er um dessen Hilfe. Er behielt einfach alles in sich drin und wurde dadurch immer wütender. Er wurde so zornig, dass er letztlich nicht mehr klar denken konnte und sogar versuchte, David zu töten.

Schritt 2. Bitte den Herrn, deinen Schmerz zu heilen

Erkläre deinem Kind, dass auch Jesus verletzt wurde. Er wurde abgelehnt, andere Menschen schauten auf ihn herab und verlachten ihn. Das machte ihn sehr traurig und kränkte ihn unheimlich. Dann, als sie ihn schlugen, wurde er körperlich verletzt und schließlich wurde er an einem Kreuz getötet. Die Bibel sagt, dass Jesus verletzt wurde und uns Heilung bringen kann:

„Verachtet war er und verlassen von den Menschen.... er hat unsere Schmerzen auf sich geladen und durch seine Wunden sind wir geheilt worden." (Jesaja 53,3-5)

---

2   Wir können die Texte vieler Lieder Davids in den biblischen Psalmen nachlesen.

Einige Kinder mögen es hilfreich finden, sich vorzustellen, wie sie auf Jesu Knie sitzen oder neben ihm stehen und einfach sagen: „Bitte, Herr Jesus Christus, du wurdest von anderen Menschen verletzt. Du hast meinen Schmerz am Kreuz getragen. Ich übergebe dir jetzt meinen Schmerz. Bitte heile mich davon."

Manchmal empfinden Kinder beim Beten körperliche Schmerzen in ihrem Herzen. Dies ist der emotionale Schmerz, welcher hochkommt. Es kann seine Hand dorthin legen, wo es weh tut und aussprechen: „Bitte, Jesus Christus, nimm meinen Schmerz weg." Achte darauf, nicht zu schnell vorzugehen. Gib dem Herrn Zeit, damit er vollständig heilen kann.

Schritt 3. Vergib denen, die dich verletzt haben

In unserer Erfahrung sind kleine Kinder oft schnell und wollen wirklich vergeben, während ältere Kinder möglicherweise größere Schwierigkeiten haben. In diesem Fall kannst du das Vaterunser zu Hilfe nehmen: *„Vergib uns unsere Schulden, wie auch wir vergeben unseren Schuldnern!"* (Matthäus 6,12) Erkläre, dass Vergebung uns vom Wunsch nach Rache befreit, der die Dinge immer schlimmer macht.

Lest gemeinsam das Gleichnis vom unbarmherzigen Knecht in Matthäus 18,21–35. Der König repräsentiert Gott. Der unbarmherzige Knecht steht für die Person, die anderen nicht verzeiht. Erwarte, dass Gott zu deinem Kind spricht, während ihr gemeinsam über Folgendes nachdenkt: Die unglaublich grosse Schuld, welche der König dem Knecht erliess sowie die kleine Schuld, welche ihm einer seiner Mitknechte schuldete. Du kannst auch die Frage stellen, welche Bedeutung in diesem Zusammenhang ein Gefängnis habe.

Jede Unversöhnlichkeit trennt uns von Gott. Wenn wir uns weigern, zu vergeben, versetzen wir uns selbst in ein Gefängnis, das wir selbst gebaut haben. Dort werden wir von negativen Emotionen, Unfrieden und dämonischen Kräften gequält. Wenn wir frei sein wollen, brauchen wir Gottes Barmherzigkeit. Wir werden niemals in der Lage sein, unsere Schulden selbst zu bezahlen, das ist klar. Vergebung ist der einzige Weg, um diese Gefängnisstrafe zu beenden.

Denke daran, dass das Verstehen des Problems ein wichtiger Teil der Vergebung ist. Übe keinen Druck aus auf das Kind und dränge es nicht zu vergeben, bevor es bereit ist. Einige Kinder benötigen Hilfe, um zu verstehen, dass was ihnen angetan wurde, falsch war. Es muss möglicherweise auch verstehen, in welchem Ausmass Gott ihm für seine Sünden vergeben hat.[3]

Denke daran, dass Jesus forderte, dass wir siebzig mal sieben Mal vergeben sollen (Matthäus 18,22). Das kann daran liegen, dass Menschen uns oft weh tun oder dass negative Gedanken und Gefühle gegenüber jemandem auch dann noch zurückkehren können, wenn wir schon meinen vergeben zu haben.

Zu diesem Thema fragen Kinder manchmal, ob sie tatsächlich zu jemandem hingehen und sagen müssen, dass sie ihm vergeben haben. Bei manchen Gelegenheiten kann es hilfreich sein mit der Person, die verletzt hat über eine schmerzhafte Situation zu sprechen und auszudrücken, dass ihr vergeben sei. Zum Beispiel, wenn Freunde in der Schule einen Konflikt gewaltsam ausgetragen haben. Es gibt jedoch viele Situationen, in denen eine Konfrontation weder möglich noch sinnvoll ist. Ein Kind ist möglicherweise zu verletzt, um mit der Reaktion des anderen fertig zu werden, und Vergebung auszudrücken kann missverstanden werden und die Lage noch verschlimmern. Dies gilt insbesondere in Fällen, in denen ein Elternteil ein Kind verletzt hat. Oder wenn ein Kind missbraucht wurde. Deine Priorität ist es dann, dein Kind zu schützen, damit es Heilung empfangen kann und weiteren Verletzungen vorzubeugen.

Ein praktischer Weg, um frei von innerem Schmerz zu werden

Verwende diese einfache Übung, um einem Kind vergeben zu helfen. Finde einen schweren Stein und lass dein Kind diesen in der geschlossenen Faust halten.

---

3   In Abschnitt D betrachten wir die Themen Sünde und Vergebung etwas detaillierter.

Die erwachsene Person sagt: „Spürst du, wie schwer dieser Stein ist? Stell dir vor, du müsstest diesen Stein den ganzen Tag lang in der Hand halten. Deine Hand wäre nicht frei, um andere Spielzeuge in die Hand zu nehmen und sie würde sehr wund werden! An Verletzungen festhalten hat die gleiche Wirkung wie wenn wir uns an diesem Stein festhalten. Wir sind nicht frei, Gottes Vergebung und all die anderen guten Dinge zu empfangen, die er uns geben möchte."

Wie wäre es, wenn du jetzt den Stein los liessest und beim Fallenlassen sagtest: „Ich vergebe..." (die Person nennen, welche das Kind verletzt hat).

Das Kind betet: „Ich vergebe... (Name der Person) für das, was sie/er mir angetan hat... (sagen was es ist)."

Hilf dem Kind, den Stein an einen sicheren Ort zu legen.

Noah (7) betet die Gebete zur Heilung verletzter Gefühle

Wir haben Noah im vorangehenden Kapitel kennengelernt. Seine Mutter hatte bemerkt, dass etwas nicht in Ordnung war und unterhielt sich mit ihm nach der Schule über seinen Tag. Er hatte ihr erzählt, dass er sich innerlich verletzt fühle, weil ihn sein bester Freund Joe und andere Kinder in der Schule ausgelacht und gespottet hätten, dass er grosse Füsse und Ohren habe. Sie kamen gerade zu dem Punkt, wo sie miteinander beten wollten. Hier ist ein Beispiel dafür, wie es aussehen könnte, wenn Noahs Mutter die Gebete zur Heilung verletzter Gefühle an dieser Stelle anwenden würde, damit Joe seinen Schmerz zu Jesus bringen und den anderen Kindern vergeben kann.

Mutter: Möchtest du Jesus erzählen, was heute in der Schule geschehen ist und wie du dich fühlst?

Noah: Hallo Jesus! Ich fühle mich schlecht. Ich habe das Gefühl, dass mich alle hassen. Heute waren in der Schule alle gemein zu mir. Sogar Joe. Ich dachte, er wäre mein bester Freund...

Mutter: Kannst du den Schmerz zu Jesus bringen? Möchtest du deine Hand auf dein Herz legen und Jesus bitten, den Schmerz zu heilen und ihn dir abzunehmen?

Noah: Bitte Jesus, heile meinen Schmerz und nimm ihn weg.

Mutter: Kannst du Joe und den anderen Kindern vergeben, dass sie so gemein zu dir waren und dich ausgelacht haben?

Noah: Ja. Ich vergebe Joe und allen anderen Kindern, dass sie so gemein waren und mich ausgelacht haben.

Mutter: Wie fühlst Du dich jetzt?

14. Die Macht negativer Reaktionen brechen

Verletzte Kinder verletzen andere Kinder

Wir haben gesehen, wie Kinder ihre Schmerzen zu Jesus bringen können, indem sie die Gebete zur Heilung von Verletzungen gebrauchen. Dies ist jedoch nur der erste Teil der Heilung, um die Verletzungen wirksam zu heilen. Die nächste Stufe ist die Auseinandersetzung mit unseren eigenen Reaktionen auf das, was uns gesagt oder angetan wurde. Dies wiederum kann uns oder andere noch mehr verletzen. Zum Beispiel können wir über jemanden boshafte Dinge sagen, ihn ignorieren oder gar hassen, von dem wir dachten, er sei ein Freund. Oder wir können uns gegen uns selbst wenden und denken, wir seien blöd und unbeliebt.

Während wir solche Reaktionen verstehen mögen und sie vielleicht sogar noch rechtfertigen, verursacht das Festhalten an ihnen in Wirklichkeit noch mehr Probleme. Der richtige Umgang mit unseren Reaktionen auf Situationen und Menschen, die uns verletzt haben, wirkt gleich wie das Auftragen eines Desinfektionsmittels auf eine Wunde. Er tötet alle Bakterien ab und lässt die Wunde vollständig heilen.

Tom (8)

Als Toms Mutter zu uns kam, war sie am Ende. Ihr achtjähriger Sohn war aggressiv geworden in der Schule und neigte zu Hause plötzlich zu unkontrollierten Wutanfällen. Unter unserem Kaffeetisch liegend begann Tom sich darüber zu öffnen und erzählte uns, wie wütend er war, dass sein bester Freund sich gegen ihn gewandt hatte. Er wolle ihn leiden sehen!

Wir erklärten Tom, dass Jesus genau wusste, wie er sich fühlte, weil er selbst ebenso von seinen engsten Freunden, den Jüngern, verlassen worden war. Wir erzählten ihm, dass dieser Jesus gelehrt hatte, dass wir unseren Feinden und denen vergeben sollen, die uns Unrecht antun. Wir erklärten auch, dass die Wut seine Aggression anheize. Und er – nicht sein Freund

– war derjenige, der in der Schule deswegen in Schwierigkeiten geraten war! Wir schlugen vor, dass es doch ein kluges Vorgehen wäre, die Anweisungen von Jesus zu befolgen und dem anderen Jungen zu vergeben, um Vergebung für seinen eigenen Zorn zu bitten und diesen loszulassen.

Tom beschloss, dies zu tun. Er vergab dem Peiniger und übergab gleichzeitig Jesus seinen Schmerz und seine Wut. Er bat Gott, ihm zu vergeben, dass er anderen, einschließlich seiner Mutter, durch sein aggressives Verhalten als Reaktion auf seine verletzten Gefühle, Schaden zugefügt hatte.

Verantwortung für unsere Reaktionen übernehmen

Viele Menschen kommen nie darüber hinweg, was ihnen angetan wurde. Sie verweilen in einer Opfermentalität und können dadurch andere, auch ihre Kinder, unabsichtlich dazu ermutigen, die gleiche Haltung einzunehmen. Dies hilft aber niemandem. Wenn wir uns gründlich mit Verletzungen auseinandersetzen und vorankommen wollen, müssen wir uns unseren Reaktionen auf göttliche Art und Weise stellen.

Viele der negativen Reaktionen auf Verletzungen, die man sich vorstellen kann, werden in der Bibel als die *„Werke des Fleisches"* beschrieben. Gott mag sie nicht, weil sie seinem Charakter zuwiderlaufen; sie gehören zum sündhaften Verhalten (Galater 5,19). Sie verderben unser Leben und geben dem Teufel Raum. Gott erwartet von uns, dass wir die volle Verantwortung für unsere Reaktionen und die daraus resultierenden Handlungen übernehmen und entsprechend damit umgehen:

- *„Alle Bitterkeit und Wut und Zorn und Geschrei und Lästerung sei von euch weggetan samt aller Bosheit. Seid aber gegeneinander freundlich und barmherzig und vergebt einander, gleichwie auch Gott euch vergeben hat in Christus."* (Epheser 4,31-32)

- *„Zürnt ihr, so sündigt nicht; die Sonne gehe nicht unter über eurem Zorn! Gebt auch nicht Raum dem Teufel!"* (Epheser 4,26-27)

Kettenreaktionen vermeiden

Negative Reaktionen können eine ganze Reihe von anderen unfruchtbaren Verhaltensmustern in uns auslösen. Wenn wir uns jedoch mit unseren Reaktionen befassen, kann dies weitgehend vermieden werden. Betrachten wir das folgende Beispiel:

Stell dir vor, die fünfzehnjährige Vanessa ist allein in ihrem Zimmer. Sie kann nicht glauben, dass es vorbei ist. Ihr Freund hat mit ihr Schluss gemacht. Per SMS. Er hat sich nicht einmal die Mühe genommen, mit ihr zu reden! Sie kann immer noch nicht fassen wie sehr sie gedemütigt wurde – ganz zu schweigen davon, wie weh es einfach tut. Sie mochte den Jungen wirklich. Er war der, den sie wirklich liebte. Aber er wollte sie nicht mehr!

Mit der Zeit beginnt Vanessa immer mehr zu denken, dass grundsätzlich etwas mit ihr nicht stimmt. „Ich bin fett und hässlich", kommt sie zum Schluss. „Wenn ich so schlank wäre wie Jessica, dann würde Roberto mich immer noch wollen!" In der Folge isst Vanessa nur noch sehr wenig und beginnt vor der Schule zu joggen. Sie nimmt ab und fühlt sich besser. Aber sie ist nicht zufrieden, sie denkt sie sei zu gross! Indem ihre Identität und ihr Selbstwert zunehmend durch ihr Aussehen definiert wird, fällt es Vanessa schwerer, sich selbst zu lieben und anzunehmen – und gesunde Essgewohnheiten zu bewahren.

Stell dir jedoch vor, Vanessa würde gezeigt, wie sie ihre Gefühle der Selbstablehnung zum Herrn bringen und Trost empfangen kann, statt in Schmerz und Selbsthass unterzugehen. Sie bittet Gott, ihr zu vergeben, dass sie begonnen hat, sich und ihren Körper abzulehnen. Sie hört, wie der Herr ihr durch die heilige Schrift liebevolle Worte zuflüstert, wie zum Beispiel: *„Ich danke dir dafür, dass ich erstaunlich und wunderbar gemacht bin"* (Psalm 139,14a). Sie erkennt, dass Robertos Ablehnung nichts mit ihrem grundsätzlichen Wert zu tun hat. Der richtige Umgang mit ihren Reaktionen bringt ihren Freund vielleicht nicht zurück, aber er wird ihr helfen, Heilung zu empfangen und ein gesundes Selbstwertgefühl zu entwickeln. Ein Selbstwertgefühl, welches auf Gottes Liebe zu ihr beruht und nicht auf der Behandlung durch andere. Dies sind in der Zukunft wesentliche Grundlagen für eine glückliche Ehe.

Wenn Reaktionen unterdrückt werden

Ein argentinischer Teenager, Esteban, hatte Rückenschmerzen und unerklärbare Pein in seinem Körper. Einmal erzählte er Daniel, wie sein Vater ihn als Kind mit kochendem Wasser übergossen hatte. Er spürte nichts, als er diesen Vorfall erzählte. Er war sich aber sicher, dass er etwas Falsches getan und diese Bestrafung verdient hatte. Es dauerte recht lange bis Esteban verstehen konnte, dass, unabhängig von dem was er getan hatte, *nichts auf der Welt* eine solche Strafe jemals rechtfertigen würde. Als er dies schliesslich begriff, war er bereit, sich nicht nur mit dem Trauma selbst, sondern auch mit seinen unterdrückten Hassreaktionen auf seinen Vater auseinanderzusetzen. Als er dies tun konnte, wurde er von den Schmerzen in seinem Körper befreit!

Esteban ist ein Beispiel dafür, wie Kinder auf unterschiedliche Weise mit Verletzungen umgehen können. Manchmal braucht es Zeit, solche falschen Bewältigungsstrategien zu erkennen, damit Verletzungen geheilt und unterdrückte Reaktionen behandelt werden können. Abhängig von deiner Erziehung hast du möglicherweise eigene Bewältigungsstrategien entwickelt. Deine Kinder haben diese möglicherweise nachgeahmt oder ihre eigenen Strategien entwickelt.

Zu den gängigen Bewältigungsstrategien gehören:

- **Kämpfen:** Ich schlage zurück. Ich werde sie dafür bezahlen lassen.
- **Sich schützen**: Niemand wird mir jemals wieder nahe kommen und mich derart verletzen.
- **Leugnen:** Es war nicht wirklich so schlimm, es geht mir bestens. Andere Menschen leiden schlimmer.
- **Ignorieren:** Ich möchte nicht darüber reden. Es ist nicht wichtig. Machen wir weiter.
- **Verdrängen:** Ich werde mich später darum kümmern.

- **Entschuldigen:** Er konnte nicht anders. Er wusste es nicht besser. Er war krank.
- **Rechtfertigen:** Ich kann meine Reaktionen nicht ändern. Ich bin hier das Opfer!

All diese verschiedenen Strategien behindern eine effiziente Heilung, welche sehr wichtig ist, um wirklich gedeihen zu können.

Denkpause

Beschreiben die erwähnten Bewältigungsstrategien, wie du oder dein Kind mit Verletzungen umgehen?

Wie hilft dir die biblische Lehre über die Werke des Fleisches die Macht der negativen Reaktionen in deinem Leben zu brechen?

15. Lernen, besser zu reagieren

Gebete bei falschen Reaktionen

Wir haben gesehen, wie wichtig es ist, Kindern nicht nur beizubringen, wie sie mit ihren eigenen Verletzungen umgehen können, sondern auch mit den negativen Reaktionen, die diese in ihrem Leben hervorgerufen haben. Diese Reaktionen können in Form von Gefühlen, Gedanken, Worten oder Handlungen auftreten, die dazu führen, dass Kinder sich selbst und andere verletzen. Hilf deinem Kind, die Macht der negativen Reaktionen in seinem Leben zu überwinden, indem du die folgenden leicht verständlichen Gebetsschritte anwendest.

Der Rest des Kapitels rüstet dich mit biblischem Verständnis aus, damit du dein Kind so erziehen kannst, dass es die Schritte und die biblischen Wahrheiten versteht.

GEBETE BEI FALSCHEN REAKTIONEN

1. Erzähle Jesus, wie du dich fühlst bezüglich dem, was geschehen ist. Sag ihm, dass du etwas Falsches gesagt oder getan hast, weil du verletzt wurdest.

2. Bitte Jesus, dir dafür zu vergeben, dass du an diesen Gefühlen festgehalten hast. Erkläre, dass es dir leid tut, dass du falsche Dinge gesagt oder getan hast.

3. Bitte Jesus, die schlechten Gefühle im Zusammenhang mit der Verletzung wegzunehmen.

Du kannst sagen...

1. „**Hallo Jesus!** Ich fühle mich... wegen... Ich habe gemacht/gesagt... weil ich mich verletzt fühlte."

2. „**Bitte** vergib mir, dass ich an diesen Gefühlen festgehalten und falsche Dinge gesagt oder getan habe."

3. „**Ich bitte** dich, das Gefühl... wegzunehmen..."

Danke Jesus, dass du mir vergeben und diese Gefühle weggenommen hast!

1. Schritt: Erzähle Jesus, wie du dich fühlst bezüglich dem, was geschehen ist. Gestehe ihm, wenn du auf Grund der Verletzung etwas Falsches gesagt oder getan hast

Es ist wichtig, Kindern beizubringen, ihre Reaktionen auf Verletzungen ehrlich auszudrücken. In Psalm 62,9 lesen wir: *„Vetraue auf ihn allezeit, o Volk, Schüttet euer Herz vor ihm aus! Gott ist unsere Zuflucht!"* Wenn wir mit Gott über unsere Reaktionen auf Verletzungen sprechen, geht es nicht darum, negative Gefühle zu unterhalten oder in der Verletzung zu verharren; dies würde eine Opfermentalität fördern. Indem wir Gott vertrauensvoll darbringen, wie wir uns fühlen, kommen wir viel mehr an den Ort, an dem wir seine Hilfe im Umgang mit manchmal schwierigen und überwältigenden Reaktionen auf Verletzungen bekommen können. In der Tat können einige Reaktionen so heftig ausfallen, dass wir uns selbst und andere verletzen, wenn er uns nicht dabei hilft, angemessen mit ihnen umzugehen.

Dazu gehören das richtige Einreihen von Fakten wie: Was genau ist passiert, wer hat was getan oder gesagt, welche Reaktionen sind hilfreich und welche nicht? Dies bereitet das Kind auf den nächsten Schritt vor. Dazu betrachten wir kurz zwei geläufige Reaktionen auf Verletzungen: Ablehnung und Zorn.

Ablehnung

Eine der häufigsten Verletzungen, die Menschen jeden Alters erleiden können, ist die Ablehnung. Wir fühlen uns in der Folge dermassen schlecht, dass das Beibehalten dieser Gefühle ein Kind auf einen von folgenden zwei potenziell zerstörerischen Pfaden bringen kann (in Gedanken oder real):[4]

Äusserliche Zerstörung: *Ablehnung > Rebellion > Groll > Bitterkeit > Hass > Wut > Zorn > Gewalt > Mord*

Innerliche Zerstörung: *Ablehnung > Selbstmitleid > Sich zurückziehen > Depression > Hoffnungslosigkeit > Selbstmord*

---

[4]   A und E Taylor und David M. Taylor, *Innere Freiheit und Gesundheit* S. 1/12, 3. Ausgabe, 2019

Ein Kind kann mit einer Mischung aus Rebellion und Selbstmitleid reagieren. Eine viel bessere Antwort ist es, schon in jungen Jahren zu lernen, diese Reaktionen zu Jesus zu bringen, ihn um Vergebung zu bitten, wo wir andere durch das Behalten dieser Gefühle verletzt haben und ihn bitten, diese wegzunehmen.

Zorn

Zorn ist eine häufige Reaktion auf Verletzung und verdient besondere Beachtung. Einige Leute haben die Idee, dass ein guter Christ niemals wütend wird. Sie wischen Ärger unter den Teppich und ertragen infolgedessen jede Art von Ungerechtigkeit. Sie bringen ihren Kindern bei, in Situationen, in denen sie sich eigentlich verteidigen sollten, die „andere Backe hinzuhalten". Andere lassen Dampf ab und verletzen Menschen und behaupten, sie hätten ein Recht darauf, wütend zu sein.

Aber die Bibel sagt: *„Zürnt ihr, so sündigt nicht"* (Epheser 4,26). Was bedeutet das, wenn es darum geht, Kindern zu helfen, mit Wut als einer verständlichen Reaktion auf Verletzungen umzugehen? Versetze dich für einen Moment in den Teenager in den argentinischen Slums, der von seinem betrunkenen Vater grundlos geschlagen wurde. Er wird wahrscheinlich gegenüber seinem Vater viel (berechtigten) Zorn angestaut haben. Statt um Vergebung für seine Wut zu bitten, wird dieser Teenager Hilfe benötigen, damit er seinen Zorn Gott abgeben kann. Das Festhalten daran könnte ihn zu folgenden Sünden führen: Seinem Vater Rache schwören (Römer 12,19), ihn verurteilen (Matthäus 7,1) oder bitter werden (Hebräer 12,15). Wenn der Junge diesen Weg bereits gegangen ist, müsste er Gott für diese Reaktionen um Vergebung bitten. Nicht aber dafür, dass er wütend war darüber, dass er grundlos geschlagen wurde.

2. Schritt: Bitte Jesus, dir dafür zu vergeben, dass du an diesen Gefühlen festgehalten hast. Sag ihm, dass es dir leid tut, dass du falsche Dinge gesagt oder getan hast

Verletzte Kinder verletzen wiederum andere Kinder, wie wir gesehen haben. Dabei wird das Opfer häufig zum Täter. Dies muss im Gebet behandelt werden. Entschuldige dich einfach dafür, was du getan, gesagt, gefühlt oder gedacht hast, weil du verletzt wurdest, und bitte Jesus, dir zu vergeben. Indem wir negative Reaktionen bekennen und Gott bitten, uns zu vergeben, schließen wir uns Christus an und folgen seinem Beispiel. Obwohl Jesus fälschlicherweise beschuldigt, geschlagen und getötet wurde, antwortete er am Kreuz mit Vergebung und Liebe für seine Feinde. Kinder zu lehren, dass sie ihren Teil dazu beitragen müssen, auf Verletzungen richtig zu reagieren, verkleinert oder entschuldigt keineswegs die Verletzung oder das, was ihnen angetan wurde. Es heißt auch nicht, dass sie nicht lernen sollten, sich auf dem Spielplatz zu behaupten und zu verteidigen. Besonders Knaben müssen wissen, dass es in Ordnung ist, dies zu tun. Es schützt aber das Herz eines Kindes vor bitteren Wurzeln einer falschen Opfermentalität und ermöglicht es Gott, die Verletzungen vollständig zu heilen, damit es sich weiterbewegen kann. Denke daran, dem Kind zu versichern, dass ihm tatsächlich vergeben worden ist, wenn es um Vergebung gebeten hat (1. Johannes 1,9).[5]

3. Schritt: Bitte Jesus, die schlechten Gefühle im Zusammenhang mit der Verletzung wegzunehmen

Kinder könnten es hilfreich finden, sich vorzustellen, wie Jesus neben ihnen steht und sie IHM ihre schlechten Gefühle übergeben. Andere Kinder stellen sich vielleicht vor, wie ein schwerer Rucksack an ihrem Rücken hängt, der mit all ihren schlechten und ärgerlichen Gefühlen gefüllt ist. Dann leeren sie diesen Rucksack dort aus, wo Jesus am Kreuz hängt. Wenn die negativen Gefühle verschwunden sind, danke Jesus und bete, dass die andere Person gesegnet wird.

Wenn ein Kind andere verletzt hat, hilf ihm darüber nachzudenken, was es tun könnte, um die Angelegenheit wieder in Ordnung zu bringen. Nachdem wir mit unseren Kindern auf diese Weise gebetet hatten, telefonierten sie oft schnell mit einem Freund, um sich bei ihm für einen verbalen oder richtigen Streit zu entschuldigen. Jedes Mal waren sie sichtbar erleichtert, nachdem die Geschehnisse wieder in Ordnung gebracht worden waren.

---

5   Wir gehen in Abschnitt D näher auf die Sündenvergebung ein.

Anna (8) wendet die Gebete bei falschen Reaktionen an

Anna hatte einen schlechten Tag. Sie hatte einen Streit mit ihrer Nachbarin Sienna und sie beschimpften sich gegenseitig wüst. Ihr Vater bemerkt, dass sie böse ist, und sie erzählt ihm, was passiert ist. Nachdem er aufmerksam zugehört und mit ihr darüber gesprochen hat, was passiert ist, fragt er Anna, ob sie auch mit Jesus darüber sprechen möchte. Sie sagt, dass sie dies gerne tun möchte und so beten sie gemeinsam die Gebete zur Heilung der verletzten Gefühle. Das folgende Gespräch ist ein Beispiel dafür, wie es aussehen könnte, wenn ihr Vater ihr hilft, die Gebete bei falschen Reaktionen anzuwenden.

Papa: Möchtest du Jesus erzählen, wie du dich fühlst, wenn du an Sienna denkst?

Anna: Ja, gerne. Hallo Jesus, ich fühle mich schlecht, weil Sienna gesagt hat, ich sei doof. Ich hasse sie. Deshalb habe ich ihr schreckliche Dinge zugerufen!

Papa: Was Sienna sagte, war nicht nett. Es hat dir weh getan! Aber du hast auch ein paar schreckliche Dinge gesagt. Warum entschuldigst du dich nicht bei Jesus für das, was du gesagt hast und dafür, dass du Sienna hassest? Er möchte dir seinerseits vergeben.

Anna: Ok. Bitte vergib mir, Herr Jesus, dass ich Sienna angeschrien habe, sie sei eine dicke, fette Kuh. Es tut mir leid, dass ich sie hasse.

Papa: Die Bibel sagt in 1. Johannes 1,9, dass Gott uns vergibt, wenn wir ihn darum bitten!

Anna: Ich weiß, ich erinnere mich daran. Weisst du Papa, ich fühle mich besser, aber ich hasse Sienna immer noch ein bisschen.

Papa: Möchtest du Jesus bitten, dir diesen Hass wegzunehmen?

Anna: Ok. Bitte, Jesus, nimm mir diesen Hass weg! Ich möchte wieder mit Sienna befreundet sein.

Papa: Wie fühlst Du dich jetzt?

Anna: Ich hasse Sienna nicht mehr! Danke Jesus, dass du mir meinen Hass weggenommen hast! Ich glaube, ich rufe sie an und entschuldige mich für das, was ich gesagt habe.

16. Jesus heilt schmerzhafte Erinnerungen

Gebete bei schmerzhaften Erinnerungen

Wenn Verletzungen mit einem bestimmten Ereignis verbunden sind, finden es einige Kinder hilfreich, Gott in die schmerzhafte Erinnerung einzuladen. Gott ist nicht an Zeit und Raum gebunden, so dass er Ereignisse und schmerzhafte Situationen in der Vergangenheit heilen kann.

Die Gebete bei schmerzhaften Erinnerungen sind ein nützliches Werkzeug, um einfache und tiefe Verletzungen zu überwinden. Alle Schmerzen oder negativen Reaktionen, die wir damals vielleicht gespürt haben, kommen an die Oberfläche und können dort überwunden werden. Nachdem eine schmerzhafte Erinnerung geheilt wurde, können wir uns immer noch daran erinnern, was geschehen ist. Nun sollte es aber nicht mehr weh tun.

GEBETE BEI SCHMERZHAFTEN ERINNERUNGEN

1. Bitte Jesus, dich zu einer schmerzhaften Erinnerung zurückzubringen.
   Warte ab und sehe, was dir in den Sinn kommt.
   Erlaube allen Gefühlen nach oben zu kommen, welche du damals gefühlt hast.

2. Bitte Jesus, in deine Erinnerung zu kommen.
   Spüre, was er tut oder dir sagt.
   Wie fühlst du dich dabei?

3. Vergib den Menschen, die dich verletzt haben.
   Bitte um Vergebung für deine Reaktionen auf die Verletzung.
   Nun denke nochmals an die schmerzvolle Erinnerung. Wie fühlst Du dich jetzt?

Du kannst sagen...

1. **„Hallo Jesus!** Bitte bring mich zurück zu... Ich bitte dich, diese schmerzvolle Erinnerung zu heilen."

2. **„Bitte Jesus,** komm in diese Erinnerung..."

3. **„Ich vergebe...** Ich bitte dich, mir zu vergeben für..."

Danke Jesus für die Heilung dieser Erinnerung!

Mehr als nur Einbildung

Wenn wir Jesus einladen, uns zu einem schmerzhaften Moment zurück-zubringen, der in der Vergangenheit geschehen ist, uns aber immer noch schmerzt, können die gleichen Dinge, die wir damals gespürt hatten wie Angst, Wut oder Einsamkeit erneut verspürt werden. Wenn man sie los-lässt, sind sie nicht länger in unserer Seele eingeschlossen, wo sie als Gift auf unser Leben wirken.

Während wir Jesus einladen, in eine Situation zu kommen, versuchen wir nicht, uns vorzustellen, was Jesus nun vielleicht tun könnte. Vielmehr wollen wir uns Zeit nehmen und ihm Raum lassen, tatsächlich zu kom-men und sich in der schmerzhaften Situation zu offenbaren. Oft tritt er in die Erinnerung in Form einer Figur oder Person, die das Kind als Jesus erkennt. Oft sagt oder tut er etwas; z.B. kann er das Kind fragen, ob es mit ihm spielen oder seine Hand halten möchte. In anderen Momenten mag ein Kind Jesus vielleicht nicht sehen, aber es spürt einfach Gottes Frieden und Trost und weiss, dass er dort war.

Wir haben beobachtet, dass die tatsächliche, liebevolle Offenbarung der Gegenwart Gottes in einer Erinnerung etwas bewirkt, das auf kraftvolle Weise Heilung bewirkt. Vielleicht möchtest du die Heilung von schmerz-haften Erinnerungen selbst üben, indem du den Heiligen Geist einlädst, dich an einen Ort zu bringen, an dem er heilen möchte? Du könntest überrascht sein, welche (vergessenen) Situationen plötzlich nach oben kommen!

Noah (7) betet die Gebete bei schmerzhaften Erinnerungen

Wir kehren zu dem siebenjährigen Noah und seinem Freund Joe zurück. In einem früheren Beispiel verwendete Noah die Gebete zur Heilung ver-letzter Gefühle, um seinen Schmerz Jesus zu bringen und den anderen Kindern zu vergeben. In diesem Beispiel zeigen wir, wie die Gebete bei schmerzhaften Erinnerungen ihm helfen können, mit der schmerzlichen Erinnerung auf eine andere Art und Weise umzugehen. Ihre Gebete und Gespräche könnten ungefähr so aussehen:

Mutter: Möchtest du Jesus bitten, dich zu diesem Moment auf dem Spielplatz zurückzubringen?

Noah: Ok. Bitte, Jesus, bring mich an den heutigen Morgen in der Schule zurück, als Joe und alle andern mich ausgelacht haben.

Mutter: Warten und sehen wir, was Jesus dir in Erinnerung ruft (Mama wartet einen Moment). Kannst du dich dort sehen? Was geschieht?

Noah: Ich befinde mich in der Schule, auf dem Spielplatz. Joe spottet, meine Ohren und Füsse seien riesengross! Alle fangen an, mich auszulachen.

Mutter: Wie fühlst du dich dabei?

Noah: Schrecklich! Ich fühle mich hässlich und glaube, dass niemand mich mag. Ich bin wütend, weil mich alle auslachen. Ich möchte sie alle schlagen!

Mutter: Sollen wir Jesus bitten, in diese Erinnerung zu kommen?

Noah: Bitte, Herr Jesus, komm in meine Erinnerung.

Mutter: Was geschieht?

Noah: Ich kann Jesus sehen. Er fragt mich, ob ich mit ihm spielen möchte!

Mutter: Wie fühlst du dich dabei?

Noah: Gut, weil Jesus mich mag. Er ist mein Freund.

Mutter: Kannst du Joe und den anderen Kindern vergeben, dass sie so schrecklich mit dir umgegangen sind?

Noah: Ja. Ich vergebe Joe und allen, dass sie mir so schreckliche Dinge gesagt haben.

Mama: Sollen wir Gott bitten, dir auch deinen Teil zu vergeben?

Noah: Es tut mir leid, Herr Jesus, dass ich die anderen Kinder gehasst habe. Bitte vergib mir.

Mutter: Denke nochmals daran, was heute Morgen auf dem Spielplatz passiert ist. Wie denkst du jetzt darüber?

Noah: Es tut nicht mehr wirklich weh. Ich möchte wieder befreundet sein mit den anderen. Glaubst du, das ist möglich?

Mutter: Ich bin mir ganz sicher! Danken wir Jesus dafür, was er jetzt getan hat und bitten wir ihn, dir morgen in der Schule zu helfen.

Sünde und Vergebung erklären

D.

SÜNDE UND VERGEBUNG ERKLÄREN

17. Die Wahrheit macht uns frei

Wesentliche Grundlagen legen für einen guten Charakter und ein erfolgreiches Leben

Viele Kinder scheitern, weil sie etwas falsch gemacht haben und keine Ahnung haben, was sie dagegen hätten tun sollen. Zu lernen, wie man Dinge richtig stellt, ist ein wichtiger Schlüssel für einen ausgeglichenen Charakter und ein erfolgreiches Leben. Warum lehren Eltern dies nicht mehr?

Ein Teil des Problems ist, dass die Gesellschaft als Ganzes von Gottes Maßstäben von richtig und falsch abgewichen ist. Wir sind als Ganzes wie das biblische Gleichnis von dem Mann geworden, der sein Haus auf Sand baute. Weil du möchtest, dass deine Kinder erfolgreich sind und die Stürme des Lebens überstehen, möchtest du ihnen den Unterschied zwischen richtig und falsch beibringen und was zu tun ist, wenn sie etwas falsch gemacht haben.

Die Bibel nennt die Fehler, Mängel, Beleidigungen, bösen, egoistischen oder anderweitig schädlichen Dinge, die wir tun, Sünde. In diesem Abschnitt werden wir uns ansehen, wie wir Kindern das Thema Sünde erklären und die Gebete zur Vergebung richtig anwenden können. Diese Gebete sind ein kraftvolles und einfaches Werkzeug, welches dein Kind von sehr früh an gebrauchen kann, um Dinge zwischen ihm, Gott und anderen in Ordnung zu bringen.

Der Umgang mit der Sünde durch den Gebrauch der Vergebungsgebete bedeutet, dass wir Gottes Ausweg anwenden. Damit wir nicht das bekommen, was wir nach menschlichem Ermessen für das, was wir getan haben eigentlich verdient hätten. Und dass wir nicht darauf pochen, dass andere das bekommen, was sie verdient hätten, für das, was sie uns angetan haben.

Das grosse Problem

Sünde ist nicht, wie die Werbung uns suggeriert, das Essen einer schmackhaften, aber ungesunden Speise. Es umfasst viel mehr alles denken, tun, fühlen oder sagen, was Gott nicht gefällt. Die Sünde ist ein wichtiges Thema, weil sie zwischen uns und Gott kommt (Jesaja 59,2).

Ein knappes Entkommen

Als einer unserer Söhne sieben Jahre alt war, rannte er mit einem Freund den Gehsteig entlang. Die erwachsene Begleitperson rief ihnen zu, dass sie augenblicklich stoppen sollen. Aber die Jungs ignorierten sie einfach. Sie sah entsetzt zu, wie unser Junge auf die Straße rannte. Vielleicht hatte er die Entfernung zu einem entgegenkommenden Auto richtig eingeschätzt, aber das andere Kind schaute nur auf ihn und nicht auf den Verkehr. Der andere Junge folgte ihm auf die Strasse und wurde beinahe überfahren. Es war sehr knapp.

Ungehorsam kann in der Tat tödlich sein. Vielleicht nicht das erste Mal. Und es ist nicht immer derjenige, der die „Rebellion" anführt, welcher den Preis bezahlt. Seine Anhänger können ebenso verletzt werden. Als wir hörten, was geschehen war, schickten wir unseren Sohn ohne Abendessen ins Bett; einer der seltenen Momente, wo wir so handelten. Wir beteten auch ernsthaft, dass er erkennen würde, dass das, was er getan hatte, sehr falsch gewesen war und beinahe den Verlust eines Menschenlebens bedeutet hätte. Nach einer Weile hörten wir ein herzzerreissendes Schluchzen aus dem Schlafzimmer. Die Erfahrung des Hungergefühls, verbunden mit viel inbrünstigem Gebet, hatte unserem Sohn tatsächlich geholfen, umzukehren und zu erkennen, dass er das nächste Mal gehorchen musste.

Gesetz und Gnade

Einige Christen reden nicht gern über Sünde, sondern konzentrieren sich lieber auf die Gnade. Aber wie können wir verstehen, dass uns vergeben wurde, wenn wir nicht wissen, was wir überhaupt falsch gemacht haben? Die Vergebung wird für uns keine Bedeutung haben.

Ebenso wird es einem Kind schwer fallen, Gottes Gnade (Erbarmen, Vergebung, Gunst) zu würdigen, wenn es nicht zumindest ein grundlegendes Verständnis für die Themen Sünde und Schuld hat. Die zehn Gebote (zusammen mit dem Rest der alttestamentlichen Gesetze mit seinen vielen

Regeln und dem Opfer bringen) wurden aus dem folgenden Grund erlassen: Erstens, um uns zu zeigen, was Gott erwartet, wenn wir die Dinge auf unsere Art und Weise tun wollen. Zweitens, um zu betonen, dass wir wirklich *keine* Chance haben, es auf eigene Faust durchzuziehen. Wenn wir den Ernst unserer Lage erkennen, sind wir befähigt, Gottes Lösung, nämlich seine *Gnade,* zu empfangen, wobei er in der Tat sagt: „Es ist in Ordnung. Jesus hat dies verstanden. Er hat es für dich am Kreuz erledigt."

Übungen, die Kindern helfen, die Sünde zu verstehen

Gottes Maßstäbe verstehen:

1. Lies zusammen mit den Kindern die 10 Gebote in 2. Mose Kapitel 20.

2. Sprich mit ihnen über das Thema, welche Gebote sie gehalten und welche sie gebrochen haben. Erkläre ihnen, dass, wenn wir ganz ehrlich sind, niemand von uns sie alle gehalten hat. In der Tat haben wir alle schon das erste Gebot gebrochen: *„Du sollst keine andern Götter neben mir haben ..."* Ein „Gott" ist etwas oder jemand, den/das wir in unserem Leben an erste Stelle setzen und wie einen Gott verehren. Wir alle haben schon andere Menschen, Dinge usw. an erste Stelle gesetzt.

Zeige damit, dass wir alle schon etwas falsch gemacht haben:

1. Nun schliesst die Augen und ballt die Fäuste. Erkläre, dass du verschiedene Sünden nennen wirst (definiere „Sünde" als „alles, was wir sagen, denken, tun oder fühlen, was Gott nicht mag"). Wenn ihr jemals eine dieser Sünden begangen habt, zeigt mit einem Finger nach oben.

2. Nenne Sünden, welche Kindern bekannt sind, z.B. den Eltern nicht gehorchen, etwas Unwahres sagen (lügen), etwas nehmen, das dir nicht gehört (stehlen), jemanden hassen, etwas wollen, das ein anderer hat (begehren).

3. Öffne deine Augen. Wie viele Finger habt ihr geöffnet? Wenn wir ehrlich sind, schaut jetzt sicher bei jedem mindestens ein Finger nach oben.

4. Erkläre: Schau, wie viele Finger bei uns nach oben schauen! Das ist es, was die Bibel meint, wenn sie sagt, dass wir alle gesündigt haben. Es bedeutet, dass wir alle irgendwann etwas falsch gemacht haben.

Eine einzige falsche Sache wirkt gleich wie ein bisschen Dreck in einem sauberen Glas Wasser – es reicht aus, um das ganze Glas Wasser schmutzig zu machen. So ist es mit Gott. Er möchte, dass wir heilig und vollkommen sind, so wie er ist – aber wir können das nicht alleine schaffen. Wir brauchen Jesus, um uns zu helfen. Und Gott sagt, dass Jesus für uns zur Vollkommenheit werden kann, wenn wir dies wollen.

Denkpause

Stimmt dein Verständnis von Sünde, Gesetz und Gnade mit dem überein, was Gottes Wort uns lehrt?

Wie kannst du deinem Kind helfen, die Sünde, das Gesetz und die Gnade besser zu verstehen?

18. Gottes Heilmittel für die Sünde

Kindern helfen, Jesus in ihr Leben einzuladen und vorwärtszugehen

Sobald ein Kind die Tatsache begriffen hat, dass Sünde ein Problem ist, können wir schnell damit fortfahren, ihm Gottes geniale Lösung zu zeigen: Jesus Christus!

Jesus kam mit einer Rettungsmission auf Erden, um ein für alle Mal mit der Sünde aufzuräumen. Um dies zu tun, musste er Mensch werden. Aber die Bibel sagt, dass er anders war als wir, weil er im Gegensatz zu jedem Menschen, der seit Adam und Eva gelebt hat, ohne Erbsünde geboren wurde. Dies lag daran, dass er keinen menschlichen Vater hatte, sondern der Heilige Geist Maria auf übernatürliche Weise schwanger werden liess (Lukas 1,34-35).

Weil Jesus vollständig Mensch war, war er versucht, die gleichen schlechten Dinge zu tun wie wir – aber er hat nicht nachgegeben. In der Tat hat er *nichts* jemals falsch gemacht! Da er schon ohne Sünde zur Welt kam, blieb er vollkommen rein. Deshalb konnte er uns sein perfektes Leben anbieten: Er wurde zum „Lamm Gottes", auf das alle Sünden der gesamten Welt gelegt wurden. Indem sie auf Jesus gelegt wurden, wurden sie von uns weggenommen (Johannes 1,29). Bis zu diesem Zeitpunkt mussten Tiere geopfert werden, um die Sünden der Menschen zu vergeben. Aber Jesus war das letzte und ultimative Opfer!

Die ultimative Reinigung: glauben und empfangen

Jesus ist für uns gestorben, aber er ist nicht tot geblieben. Er ist wieder auferstanden und lebt heute noch! Und wir können an ihn glauben und ihn in unser Leben einladen. Dies ist in der Tat die Art und Weise, wie Gott mit der Sünde in unserem Leben aufräumt (Johannes 1,12 und Johannes 3,16). Indem wir dies tun, wenden wir das Blut Christi, das er vor all den vielen Jahren am Kreuz vergossen hat, in unserem Leben an. Im Endeffekt sagen wir: „Ich muss nicht länger für meine Sünden bestraft werden oder die Folgen davon tragen. Jesus Christus hat das für mich getan! Ich glaube es und ich vertraue auf Gottes Vergebung und Gnade, um mich rein zu machen und alles wegzunehmen, was mit meiner Sünde zusammenhängt."[1] Und er tut es wirklich! Wir werden, so wie die Bibel es nennt, „neu geboren".

Daniel erinnert sich:

„Eines Tages, als ich acht Jahre alt war, erklärte mir mein Vater, dass ich Jesus in mein Leben einladen könnte. Später an diesem Tag beschloss ich, allein in meinem Zimmer, Jesus zu bitten, in mein Leben zu kommen. Nachdem ich dies getan hatte, wurde ich von grosser Freude erfüllt!"

Es besteht keine Notwendigkeit, ein Kind dazu zu bringen, Jesus auf eine bestimmte Art und Weise oder zu einer bestimmten Zeit in sein Leben einzuladen. Aber sei bereit zu erklären, wer Jesus ist, wie er ist, was er für uns getan hat und wie wir ihn persönlich in unser Leben einladen können. Bete um echtes Wirken des Heiligen Geistes, damit es versteht, wer Jesus ist und wie es ihn in sein Leben einladen kann.[2]

Als unser dritter Sohn viereinhalb Jahre alt war, gingen wir in den Bergen spazieren. Am Wegrand stand ein Kruzifix und er erkannte, dass Jesus dort am Kreuz hing. Dann verkündete er, dass er Jesus hier und jetzt in sein Leben einladen wolle. Also setzten wir uns auf eine nahe gelegene Bank, und er tat es! In den Monaten zuvor hatten wir uns darauf konzentriert, ihm biblische Geschichten zu erzählen, um ihm zu zeigen, wer Jesus ist und um Zeit mit ihm allein zu verbringen. Wir waren erstaunt über der Veränderung in ihm nach diesem Tag.

Sogar kleine Kinder können an Jesus glauben und ihn in ihr Leben einladen. Wenn sie älter werden, wächst ihr Verständnis dafür, was Jesus für sie getan hat, und sie möchten vielleicht Jesus erneut in ihr Leben einladen. Das bedeutet nicht, dass sie vorher nicht von Neuem geboren wurden,

---

1   Siehe 1. Petrus 3,18; Hebräer 9,14; Hebräer 10,10; 1. Johannes 1,9

2   Weitere Infos zum Thema, wie Kinder Jesus in ihr Leben einladen können, findest du im Anhang.

sondern dass sie zu einem tieferen Verständnis gelangt sind und einfach ihre Liebe zu Jesus zum Ausdruck bringen möchten.

Rein bleiben durch das Sündenbekenntnis

Hast du dich auch schon barfuss im Garten bewegt? Bevor man zu Bett geht, ist es dann notwendig, sich die Füsse zu waschen. Es braucht keine Ganzkörperdusche. Es reicht aus, sich den Schmutz von den Füßen zu waschen. Jesus vergleicht das neu geboren werden (an ihn glauben und ihn in unser Leben einladen) mit dem Waschen des gesamten Körpers. Das Sündenbekenntnis (uns eingestehen, was wir getan haben und Gott um Vergebung bitten) führt zur Waschung der Teile, die im Laufe der Zeit schmutzig werden (Johannes 13,10). Dies ist der zweite Aspekt von Gottes Heilmittel gegen die Sünde.

Kindern beizubringen, wie sie Sünden bekennen und mit diesen umgehen können, auch nachdem sie Jesus in ihr Leben eingeladen haben, ist ein Schlüssel, um ihnen zu helfen, dem Herrn nahe zu bleiben und mit einer lebendigen und frischen Liebe zu ihm voranzugehen. Wir sind hier weit davon entfernt das Selbstwertgefühl eines Kindes zu mindern. Das Bekennen der Sünden und das Bitten um Gottes Vergebung wirken befreiend. Es hilft uns, richtig über uns selbst zu denken (Römer 12,3). Es ist auch ein Schlüssel, um durch Sünde verursachte Probleme zu überwinden, damit ein Kind frei werden und frei bleiben kann.

Erinnerst du dich an Saul und David? David wollte inbrünstig sein Leben mit Gott in Ordnung bringen, während Saul nur auf äusserliche Dinge achtete und versuchte, den Schein aufrechtzuerhalten. David hatte kein Problem damit, öffentlich seine Fehler zu gestehen, egal wie schlimm sie waren:

„Da bekannte ich dir meine Sünde und verbarg meine Schuld nicht; Ich sprach: ‚Ich will dem Herrn meine Übertretungen bekennen!' Da vergabst du mir meine Sündenschuld." (Psalm 32,5)

Einige Kinder sorgen sich, ob sie um Vergebung für jede einzelne Sünde bitten müssen, damit sie gerettet werden. Ich (Esther) war ein solches Kind. Ich befürchtete, dass ich, wenn ich plötzlich sterben würde, nicht in den Himmel käme, wenn ich nicht für *alle* meine Sünden Vergebung empfangen hatte. Meine Eltern erklärten, dass nichts, was ich jemals tun würde, sie davon abhalten könnte, mich zu lieben und meine Eltern zu sein. Jetzt da ich Gottes Kind geworden sei, sei dies bei Gott identisch und nichts würde dies ändern. Meine Erlösung hänge nicht davon ab, dass ich jede einzelne Sünde bekenne sondern, dass ich an Jesus glaube und ihn in mein Leben eingeladen habe (Johannes 1,12 und Johannes 3,16).

Meine Eltern sagten mir, dass Sünde wie eine Wolke zwischen der Sonne und uns sein kann. Die Sonne hört nie auf zu scheinen, gibt Licht und Wärme, aber es fühlt sich für uns kühler und dunkler an. Ebenso kann die Sünde zwischen uns und Gott kommen und unsere Freundschaft zerstören. Sobald wir ihn über das, was wir getan haben, aufklären (er weiß es sowieso!) und ihn bitten, uns zu vergeben (die schmutzigen Teile unseres Lebens zu waschen), ist es, als ob eine Wolke weggeblasen und die Sonne wieder hervorkommen würde.

19. Unser Chaos aufräumen

Die Vergebungsgebete

Keiner von uns bewegt sich gerne mit einem Stein im Schuh. Egal wie klein der Stein auch sein mag, er drückt auf unseren Fuss und es tut weh. Wenn wir den Stein ignorieren, wird er nicht einfach verschwinden. Wenn wir nichts unternehmen, wird die Haut verletzt und es entsteht eine Wunde. Die richtige Antwort ist natürlich, dass wir den Schuh ausziehen und den Stein entfernen. Je früher wir dies tun, desto schneller können wir wieder weitergehen!

Wenn wir Gott bitten, uns zu vergeben, wenn wir versagt haben (Sündenbekenntnis), ist das gleich, wie wenn man einen Kieselstein aus unserem Schuh entfernen würde. Es macht uns frei, das Leben zu genießen, welches er für uns vorbereitet hat und verhindert, dass sich die Lage verschlimmert. Die hier vorgestellten Vergebungsgebete sind ein einfaches Werkzeug, um mit Kindern schnell und effizient mit der Sünde umgehen zu können.

DIE VERGEBUNGSGEBETE

1. Sage Jesus, dass es dir leid tut, was du getan, gesagt oder gefühlt hast.
2. Bitte Jesus, dir zu vergeben.
3. Bringe bei Bedarf die Situation mit anderen in Ordnung.

Du kannst sagen...

1. „**Hallo Jesus**! Es tut mir leid wegen ...“
2. „**Bitte** vergib mir.“
3. „**Hilf mir,** die Dinge in Ordnung zu bringen, indem ich...“

Danke Jesus, dass du mir vergeben hast!

1. Schritt: Sage Jesus, dass es dir leid tut, was du getan, gesagt oder gefühlt hast

Lade dein Kind ein, bestimmte Dinge auf ein Blatt Papier, einen Stein oder einen Stecken zu schreiben oder zu malen, für welche es Vergebung empfangen möchte. Wenn du zu Schritt 2 gelangst, hilf ihm, das Objekt zu entsorgen, z.B. verbrennen, wegwerfen oder es einen Bach hinunterschwimmen zu lassen.

Einer unserer Söhne kämpfte viele Wochen lang fast täglich mit unklaren Gefühlen der Verdammnis. Er war sich sicher, dass er etwas falsch gemacht hatte. Aber er wusste einfach nicht, was es war! Wir sagten ihm, dass Gott uns immer klar zeigt, wenn wir etwas falsch gemacht haben.

Ein anderes Mal erlebte er eine Zeit, in der ihn Gott fast jede Nacht tatsächlich von bestimmten Sünden überführte. Er hatte einige Dinge hinter unserem Rücken getan, die ans Licht gebracht werden mussten. Der Heilige Geist zeigte ihm diese, und schließlich hatte er den Mut, sie zuzugeben. Nachdem diese Zeit der Reinigung vorbei war, bemerkten wir, dass er geistlich wuchs und einen eigenen tiefen Glauben entwickelte. Dies hat uns gezeigt, dass es Momente gibt, in denen ein Kind das schwere Gewicht seiner Sünde spüren muss, um danach die wohltuende Erleichterung von Gottes Vergebung zu erfahren. Sei also geduldig und gehe mit dem Kind nicht zu schnell durch diesen Prozess.

2. Schritt: Bitte Jesus, dir zu vergeben

Jesus bitten, uns zu vergeben, bedeutet, dass wir uns von dem Falschen abwenden, das wir tun, denken oder fühlen und bereit sind, die Dinge auf Gottes Weise zu tun. Es gibt Kinder, die beim Bitten um Vergebung mitmachen, weil sie die Bestrafung fürchten oder dir gefallen wollen, aber im Innern ihres Herzens gibt es keine wirkliche Veränderung.

Gib dich nicht mit äusseren Anzeichen der Anpassung zufrieden! Nur echte innere Veränderung wird dazu führen, auf eine Weise zu leben, die Gott wirklich gefällt. Dies ist die „Wahrheit im Innersten" (ein Ort, wo niemand hinschaut), von dem König David in Psalm 51,8 spricht. Halte das Gespräch mit einem uneinsichtigen Kind aufrecht und bete für es, bis du eine echte Veränderung spürst.

Erinnere dein Kind daran, dass wir Gott bitten können, uns zu vergeben auf Grund dessen, was Jesus Christus am Kreuz getan hat. Er trug an unserer Stelle die Sünden und die Bestrafung der gesamten Welt: *„aber der Herr warf unser aller Schuld auf ihn."* (Jesaja 53,6).

Obwohl wir um Vergebung gebeten haben, kann unser Verstand uns weiterhin beschuldigen. Daher ist es wichtig, die Vergebung Gottes zu *empfangen* oder sie anzunehmen. Mit anderen Worten bedeutet es, das praktisch anzuwenden, was Jesus am Kreuz getan hat.[3]

Hinweis: Wir müssen anderen vergeben, um Gottes Vergebung empfangen zu können

Jesus hat uns im „Vater unser" Folgendes gelehrt:

„Und vergib uns unsere Schulden, wie auch wir vergeben unseren Schuldnern." (Matth. 6,12). In Vers 15 fügt Jesus hinzu: *„Wenn ihr aber den Menschen ihre Verfehlungen nicht vergebt, so wird euch euer Vater eure Verfehlungen auch nicht vergeben."*

Du kannst dies anhand der folgenden Abbildung erklären: Stell dir vor, du hältst einen kleinen Vogel in deinen Händen. Erkläre, dass er nicht wegfliegen kann, so lange du ihn festhältst. Biete deinem Kind jetzt einen Lutscher oder ein kleines Spielzeug an. Um den Lutscher oder das Spielzeug anzunehmen, muss es seine Hände öffnen und den Vogel fortfliegen lassen. Ebenso bedeutet Vergebung, unsere Hände zu öffnen, um die andere Person freizulassen, damit wir die Freiheit haben, Gottes Vergebung zu empfangen.

Wenn es deinem Kind schwerfällt, anderen Menschen oder sich selbst zu vergeben, lies mit ihm das Gleichnis vom unbarmherzigen Knecht in Matth. 18,21-35 und sprich mit ihm darüber. Zeige ihm, dass wenn Gott

---

3   Siehe Jesaja 53,11 und 1. Korinther 15,3; 1. Petrus 2,24 und 3,18

uns unsere Sünden vergeben kann, wir auch anderen vergeben können, ganz egal was sie uns angetan haben mögen.

Manchmal fällt es einem Kind schwer, zu vergeben, wegen des Schmerzes der erlittenen Verletzung und den schmerzhaften Erinnerungen. Diese blockieren es und müssen behandelt werden. Du kannst dies tun durch die Verwendung der Gebete zur Heilung der Verletzungen, der schmerzhaften Erinnerungen und den Gebeten bei falschen Reaktionen.

3. Schritt: Die Dinge in Ordnung bringen

Die Dinge in Ordnung zu bringen kann einfach bedeuten, sich bei jemandem für unsere Worte, Einstellungen oder unser Verhalten zu entschuldigen. Oder es handelt sich um eine konkrete Tat, z.B. um die Rückgabe von gestohlenen Gegenständen oder die Bezahlung von Gegenständen, die du kaputt gemacht hast.

Zachäus war eine Person in der Bibel, der sich große Mühe gab, sein chaotisches Leben in Ordnung zu bringen. Er war ein korrupter Zolleinnehmer, der von den Leuten zu viel Geld verlangte und dieses für sich behielt. Alle hassten ihn, aber niemand konnte ihn aufhalten. Er war zu reich und zu mächtig. Als er Jesus kennenlernte, wurde ihm klar, dass er etwas falsch gemacht hatte. Er zeigte, dass es ihm leid tat, indem er versprach, das Vierfache seiner Einnahmen zurückzuzahlen (Lukas 19,8). Dieser Betrag war sogar mehr, als das jüdische Gesetz in solchen Fällen vorschrieb!

Marie (11) betet die Vergebungsgebete

Stell dir vor, Marie hat ein Paar Ohrringe gestohlen. Ihr Gewissen plagt sie und es tut ihr leid. Als ihre Mutter sie fragt, woher sie die neuen Ohrringe habe, beschließt sie, dies ins Reine zu bringen. Ihre Mutter benutzt die einfachen Gebete der Vergebung, um Marie zu zeigen, wie sie die Dinge mit Gott in Ordnung bringen kann. Sie hilft ihr, sich für praktische Schritte zu entscheiden:

Mutter: Möchtest du mit Jesus darüber sprechen, was du getan hast, und ihn bitten, dir zu vergeben und dir zu helfen, die Dinge in Ordnung zu bringen?

Marie: Ja. Lieber Jesus, es tut mir leid, dass ich dieses Paar Ohrringe gestohlen habe, als ich mit Ella in der Stadt war. Es war falsch. Ich hätte es nicht tun sollen. Bitte vergib mir, dass ich sie gestohlen habe. Ich nehme deine Vergebung an und danke dir, dass du mir vergibst! Ich vergebe Ella auch, dass sie mich ermutigt hat, sie zu stehlen, indem sie sagte, niemand würde es merken und dass der Laden so viel Geld verdient, dass es ihnen egal ist. Hilf mir, die Dinge in Ordnung zu bringen. Weißt du was, Jesus? Ich muss diese Ohrringe zurückbringen. Bitte hilf mir, das Richtige zu tun, auch wenn es peinlich ist.

Mutter: Das ist eine gute Entscheidung! Möchtest du, dass ich mitkomme und dich moralisch unterstütze?

Marie: Danke, Mama, das würde ich wirklich schätzen!

Vorwärtsgehen

Nachdem wir mit unserem Chaos aufgeräumt haben, brauchen wir Strategien, um zu vermeiden, dass wir dasselbe noch einmal tun. Erkläre deinem Kind, dass wir der Versuchung umso wirksamer widerstehen können, je näher wir Jesus sind, d.h. je mehr wir mit ihm in Kontakt bleiben, indem wir uns im Gebet an ihn wenden, sein Wort lesen usw. (Römer 12,1-2). Wenn jedoch die Gelegenheit zur Sünde wieder kommt, müssen wir aktiv widerstehen und darauf vertrauen, dass Gott einen Ausweg für uns findet:

- *„So unterwerft euch nun Gott! Widersteht dem Teufel, so flieht er von euch."* (Jakobus 4,7)

- *„Mit der Versuchung wird er [Gott]auch den Ausgang schaffen, so dass ihr sie ertragen könnt."* (1. Korinther 10,13)

Wir sehen, wie dies in einer Konversation aussehen könnte, die dem vorherigen Beispiel folgt:

Mutter: Marie, gibt es irgendetwas, was du tun kannst, um nicht wieder zu stehlen?

Marie: Weißt du, Mama, ich bekomme immer Ärger, wenn ich mit Ella zusammen bin. Ich glaube nicht, dass sie eine passende Freundin ist ...

Mutter: Gibt es ein anderes Mädchen in deiner Klasse, mit dem du befreundet sein könntest?

Marie: Ähm... Jane ist nett. Ich mag sie. In der Schule verstehen wir uns gut.

Mutter: Wie wäre es, sie am Samstag einzuladen?

Marie: Okay, ich werde sie fragen, ob sie kommen wolle.

Mutter: Was ist, wenn jemand anders dir sagt, etwas zu tun, von dem du weisst, dass es falsch ist? Was glaubst du, wirst du das nächste Mal tun?

Marie: Ich werde versuchen, nicht auf sie zu hören. Ich werde sagen, dass ich es nicht tun möchte und richte ein Stossgebet an Jesus, damit er mir hilft.

Mutter: Das klingt nach einem guten Plan. Lasst uns jetzt darüber beten: Herr, wir bitten dich um eine gute Freundin für Marie. Und bitte hilf ihr, nicht zuzuhören, wenn Freunde versuchen, sie dazu zu bringen, etwas zu tun, von dem sie weiß, dass es falsch ist. In Jesu Namen, Amen.

E.

Werkzeuge für die Befreiung

WERK-
ZEUGE
FÜR DIE
BEFREIUNG

20. Die Realität dämonischer Angriffe und die Befreiung
Wenn Schutzbarrieren durchbrochen werden

Geister, Zauberei und Magie sind beliebte Themen in Kinderbüchern und Filmen. Möglicherweise bist du besorgt über solche Dinge und weisst, dass das Böse existiert. Vielleicht hast du auch schon unerklärbare geistliche Phänomene erlebt. Es ist jedoch gut möglich, dass du nicht viel über diese Themen nachdenkst. Als bibelgläubiger Christ musst du jedoch nicht uninformiert oder ängstlich sein:

„Seid nüchtern und wacht! Denn euer Widersacher, der Teufel, geht umher wie ein brüllender Löwe und sucht, wen er verschlingen kann." (1. Petrus 5,8)

Dämonen und ihre Pläne

Die Realität des dämonischen Reiches ist in der Bibel beschrieben. Wir stellen fest, dass wir gegen den Teufel Krieg führen – aber er arbeitet durch seine Agenten oder Fußsoldaten, die Dämonen genannt werden. Um einen Kampf zu gewinnen, ist eine gute Ausbildung notwendig. Wir müssen wissen, wer der Feind ist und wie er handelt. Wir müssen auch wissen, wie wir einen geistlichen Gegner besiegen können. Gott bietet uns beides an.[1]

Dämonen sind gefallene Engel und gehören zum Königreich Satans. Bereits von der Zeugung eines Menschen an suchen sie nach Wegen, um in sein Leben einzutreten, um zu stehlen, töten und zu verderben (Johannes 10,10). Weshalb? Ganz einfach deshalb, weil wir Menschen nach dem Bilde Gottes geschaffen wurden (1. Mose 1, 26-27). Sie hassen Gott und deshalb uns. Sie führen Krieg gegen Gott und sein Volk. Sie sind jedoch bereits besiegt und werden letztlich ganz unterliegen.

---

1   Z.B.: *„Gelobt sei der HERR, mein Fels, der meine Hände geschickt macht zum Kampf, meine Finger zum Krieg."* (Psalm 144,1) und *„denn die Waffen unseres Kampfes sind nicht fleischlich, sondern mächtig durch Gott zur Zerstörung von Festungen."* (2. Korinther 10,4)

Wir glauben, dass unser Körper und unsere Seele im Mittelpunkt der dämonischen Angriffe stehen.[2] Dämonische Geister versuchen, unseren Willen, Geist und unsere Gefühle zu beeinflussen. Sie können hinter physischen, mentalen und emotionalen Schmerzen und Krankheiten stehen. So wie Keime und Viren bewirken, dass wir uns unwohl fühlen, können Dämonen uns das Gefühl geben, dass wir nicht ganz wir selbst sind. Dämonen sind geistliche Wesen ohne Körper und suchen daher nach einem Transportmittel, vorzugsweise einem menschlichen Körper, durch den sie agieren können (z.B. Matthäus 12,44; Lukas 8,26-33). Zum Beispiel braucht ein Dämon des Hasses jemanden, durch den er Hass ausdrücken kann, während ein Dämon der Angst jemanden braucht, durch den er Angst ausdrücken kann.

Die Art und Weise, wie Dämonen in unser Leben gelangen, ist vergleichbar mit den Soldaten in der griechischen Mythologie, die sich in einem Holzpferd versteckt hatten, um Zugang zu Troja zu erhalten. Die Trojaner verwechselten das Pferd mit einer Trophäe der Götter, öffneten ihre Tore und liessen das Pferd hinein. Auf diese Weise gewährten sie dem Feind Einlass in ihre Stadt, ohne es zu merken.

Wir müssen daher wissen, wie wir es vermeiden können, Dämonen in unser Leben hineinzulassen. Wenn Dämonen bereits Zugang erhalten haben, müssen wir wissen, wie wir sie austreiben können. Die gute Nachricht ist, dass es nicht so dramatisch sein muss, wenn wir rechtzeitig lernen, dies zu tun.

Natürliche Schutzbarrieren

Natürliche Schutzbarrieren schützen vor äußeren Einflüssen, die uns schaden können. Auf körperlicher Ebene bildet unsere Haut eine solche Barriere, die Keime und andere schädliche Dinge fernhält. Ein Schnitt oder eine Verbrennung durchbricht diese Barriere und macht uns unbehandelt anfällig für Infektionen.

---

2   Die Ansichten darüber, inwieweit der Geist eines Christen von Dämonen beeinflusst werden kann, gehen auseinander.

Eine weitere natürliche Schutzbarriere ist die von Gott erhaltene Fähigkeit, Emotionen und Erfahrungen verarbeiten zu können. Wir lernen dies vom ersten Tag an. Wenn wir älter werden, werden wir geübter darin; aus diesem Grund ist ein Kleinkind schneller frustriert als eine erwachsene Person!

Das Problem entsteht, wenn Situationen, Emotionen oder Sünden unsere natürlichen Schutzbarrieren beschädigen oder durchbrechen. Dies kann geschehen, wenn eine Situation schlicht unsere natürliche Fähigkeit übersteigt, sie zu verarbeiten oder richtig mit ihr umzugehen. Oder dann, wenn wir etwas überwinden könnten, dies aber nicht tun. Was auch immer der Grund sein mag: Wenn natürliche Schutzbarrieren durchbrochen werden, sind sowohl Kinder als auch Erwachsene verwundbar. Ein Dämon kann eine solche Situation ausnutzen, um unser Leben negativ zu beeinflussen. Nachdem er Zutritt erhalten hat ist es nicht so, dass er uns besitzt oder wir zu „Besessenen" werden; viel mehr hat er Macht uns innerlich negativ zu beeinflussen. Das griechische Wort dafür ist *daimonizesthai*.

Sobald spirituelle Eindringlinge (Dämonen) die natürlichen Abwehrkräfte eines Kindes durchbrochen haben, tun sie alles, um mehr und mehr Teil des Denkens, Fühlens und Handelns des Kindes zu werden. Es ist, als ob eine dämonische Persönlichkeit die natürliche eines Kindes in einem bestimmten Bereich überlagert und mit dieser verflochten wird. Deshalb sagen Erwachsene, die zum Gebet zu uns kommen, oft Dinge wie: „Ich war schon immer ein ängstlicher Mensch" oder „Ich hatte schon immer ein geringes Selbstwertgefühl und fühlte mich abgelehnt, solange ich mich erinnern kann." Irgendwann, vielleicht bereits im Mutterleib oder in der frühen Kindheit konnte ein „Trojanisches Pferd" die natürlichen Abwehrkräfte unentdeckt überwinden. Je eher wir diese spirituellen Eindringlinge eliminieren können, desto besser. Indem du ein Kind befreist, kann es eine gesunde Persönlichkeit entwickeln und sein von Gott gegebenes Potenzial voll entfalten – ohne dämonische Einmischung.

Dinge, die unsere natürlichen Schutzbarrieren durchbrechen und Dämonen den Zugang zu unserem Leben ermöglichen, können auch als „offene Fenster" oder „Einfallstore" für Dämonen angesehen werden. Wir betrachten kurz drei der häufigsten: Uneinigkeit der Eltern, Sünde und Verletzungen.

Offenes Fenster der Uneinigkeit

Als Christen wird uns geraten, alles zu unternehmen, um die Einheit des Geistes durch das Band des Friedens zu bewahren (Epheser 4,3). Die Uneinigkeit zwischen Eltern und das Streiten vor den Augen der Kinder kann diese auf verschiedenen Ebenen für dämonische Angriffe anfällig machen. Wir beteten für eine Teenagerin, die sehr darauf bedacht war, ihre Eltern nicht allein zu Hause zu lassen, wenn sie mit Freunden ausging. Die Wurzel war eine tiefsitzende Angst, die sie als kleines Kind befallen hatte. Sie hatte beobachtet, wie ihr Vater nach einem massiven Streit mit ihrer Mutter in Polizeigewahrsam genommen wurde. Nachdem sie die Befreiungsgebete anwendete, verließ sie der Geist der Angst. Als Folge davon konnte sie Gott plötzlich vertrauen, dass er sich um ihre Eltern kümmerte. Und dass sie ganz normal mit Freunden ausgehen konnte, ohne sich falsche Sorgen machen zu müssen.

Offenes Fenster der Sünde

Dämonen werden durch Sünde angezogen, so wie Fliegen von einem Misthaufen oder Ratten vom Abwasser angezogen werden. Alles, von dem wir wissen, dass es sündhaft ist, es aber dennoch tun, denken oder sagen, kann uns für einen Dämon öffnen, der die Macht dieser Sünde in unserem Leben verstärkt. Wir glauben, dass dies am Beispiel von König Saul geschah. Er beharrte auf seiner von Stolz geprägten Haltung und der Rebellion gegenüber Gott sowie des Hasses auf David und wurde in der Folge von einem dämonischen Geist gequält (1. Samuel 16,14). In ähnlicher Weise pflegte Judas Ischariot vom Geld der Jünger zu stehlen. Dies schwächte seine natürlichen Abwehrkräfte bis zu einem Punkt, an dem Satan in ihn einfahren konnte (Johannes 12,6; Lukas 22,3).

Die Gefahr, dass Dämonen durch anhaltende, vorsätzliche Sünde Zugang zu unserem Leben erhalten, ist daher sehr real. Ein weiterer Grund, warum es so wichtig ist, Kindern beizubringen, wie sie, wie wir im vorherigen Abschnitt gesehen haben, schnell mit Sünde umgehen können. Wir haben für Jugendliche gebetet und sie von Lügengeistern befreit, die Zugang durch bewusstes Lügen erhalten hatten, um Konfrontation zu vermeiden.

Offenes Fenster der Verletzungen und traumatischen Erfahrungen

Alles, was uns sehr verletzt oder uns zu Grunde richtet, so dass es über unsere natürliche Verarbeitungsfähigkeit hinausgeht, kann ein Eintrittstor für einen Dämon sein, der sich den Schmerz und unsere Reaktionen darauf zu Nutze macht.

Ablehnung ist ein großer Bereich der Verletzung, der Kinder für Dämonen der Ablehnung öffnen kann (sogar bereits im Mutterleib). Dadurch werden Ablehnungsgefühle, Selbstablehnung und Ablehnung anderer Personen verstärkt. Wir beteten in Argentinien mit vielen Kindern, die von einem oder beiden Elternteilen abgelehnt oder verlassen worden waren. Als sie Heilung und Trost für den Schmerz der Ablehnung erhielten und anschließend von Geistern der Ablehnung befreit wurden, gewannen sie neues Selbstvertrauen und gingen weniger aggressiv mit anderen um.

Vernachlässigung ist ein Zustand, in dem sich Verletzung und Trauma ständig wiederholen. Dies kann, so wie die Ablehnung, die Tür zu dämonischen Kräften im Leben eines Kindes öffnen. Vernachlässigung kann bedeuten, dass die Grundbedürfnisse nicht gestillt werden, kann aber auch die Form emotionaler Vernachlässigung annehmen, beispielsweise wenn die Eltern ständig arbeiten oder wenn ein Kind ohne angemessene emotionale Unterstützung oder Anleitung in die Unabhängigkeit gedrängt wird.

Anita (6)

Anita hatte eine Art Zuhause. Aber sie blieb fast auf jeder anderen Ebene sich selbst überlassen. Sie besuchte eine unserer Sonntagsschulen in einem armen Teil von Salta. Sie war dreckig, hatte zerzauste Haare und war extrem unruhig. Inmitten einer Bibelstunde konnte sie plötzlich ausrasten und auf das Kind einschlagen, das zufälligerweise neben ihr saß. Eine unserer Sonntagsschullehrerinnen hatte ein großes Herz für sie und konnte sie jeweils für einige Momente auf den Knien halten, bevor sie wieder verschwand. Während sie Anita auf den Knien hielt, betete sie leise, befahl den Geistern, Anita freizulassen und bat Jesus, ihr verletztes Herz zu heilen. Im Laufe der Monate stellten wir allmähliche Veränderungen fest; sie wurde ruhiger und blieb länger in den Meetings. Schließlich war sie in der Lage, ein ganzes Wochenende mit anderen Kindern zu verbringen – ohne wegzurennen oder ein anderes Kind zu schlagen! Jesus hatte begonnen, das Kind, das niemand wollte, zu heilen und es durch Liebe und Gebet zu befreien.

Yannick (10)

Yannick wurde in der Schule gemobbt. Sein Lehrer nahm dies nicht ernst und der Rat seiner Eltern schien nicht zu helfen. Er war zu Hause ungewöhnlich aggressiv geworden und hatte seinen Eltern mehrmals gestanden, dass er dachte, er würde zur Hölle fahren, wenn er sterbe. Beide Eltern waren überzeugte Christen und sie wussten, dass Yannick den Herrn eigentlich auch liebte, ihm nachfolgte und in vielerlei Hinsicht sehr reif war. Sie konnten nicht verstehen, woher diese Idee und dieses Verhalten stammten und brachten ihn zu uns.

Als wir uns unterhielten, stellte sich heraus, dass die Wut und der Hass, die er gegenüber den anderen Kindern und Lehrern empfand, so stark waren, dass es seine Aggression anheizte und ihn dazu brachte, andere zu verletzen. Er fühlte sich schrecklich beim Gedanken an sein Verhalten und kam zum Schluss, dass es ihn seine Errettung gekostet haben musste. Wir erinnerten Yannick daran, dass nichts, was er jemals tun würde, ihn von der Liebe Gottes in Christus Jesus trennen konnte. Er übergab Jesus seinen Schmerz am Kreuz, vergab den anderen Kindern und bat Gott, ihm für seine falschen Reaktionen zu vergeben. Dann befahl er dem Geist des Zorns, der in ihn eingedrungen war, ihn im Namen Jesu zu verlassen. Während wir beteten, fühlte er etwas in seinem Magen herumhüpfen. Dies war der Geist, welcher an die Oberfläche kam. Er betete weiter, bis dieser weg war und sein Magen sich wieder normal anfühlte. Befreit von seiner Last ging er mit einem Lächeln wieder nach Hause!

Achtung: Wenn Dämonen mit inneren Schmerzen verbunden sind, ist es oft einfacher, ein Kind zu befreien, wenn zuerst seine Schmerzen geheilt werden durch den Gebrauch der Gebete für Heilung, Vergebung und der falschen Reaktionen.

Andere Beispiele für natürliche offene Fenster für Dämonen sind:

- Uneinigkeit zwischen den Eltern
- Empfängnis und Vorgeburtstrauma, z.B. Vergewaltigung, versuchter Schwangerschaftsabbruch
- Körperlicher, sexueller, emotionaler und verbaler Missbrauch
- Verlust eines Elternteils oder eines geliebten Menschen durch Tod, Scheidung, Verlassenwerden usw.
- Einsamkeit, z.B. zu lange und zu oft allein gelassen werden
- Längere Trennung, z.B. Spitalaufenthalt, übermäßige Tagesbetreuung
- Unfälle mit Schock oder Angst
- Mobbing, einschließlich Cyber-Mobbing
- Drogen- und Alkoholmissbrauch
- Sexuelle Experimente in Gruppen, Sexting

Denkpause

Gibt es Beispiele für Situationen, in denen natürliche Schutzbarrieren durchbrochen werden, welche die Erfahrung deines Kindes widerspiegeln?

Gott sei Dank, dass er dich für den Umgang mit dämonischen Angriffen in deiner Familie ausgerüstet und ausgebildet hat.

21. Das Zuhause absichern
Offene Fenster erkennen und schließen

Stell dir vor, du gehst schlafen und lässt die Fenster deines Hauses weit offen. Es ist gut möglich, dass du morgens aufwachst und feststellst, dass während der Nacht ein Einbrecher in dein Zuhause eingedrungen ist und deine Wertsachen gestohlen hat. Die meisten von uns würden nicht im Traum daran denken, so sorglos zu sein. Wir alle wissen, dass es Diebe gibt, und dass sie alle auf der Suche nach Häusern sind, in die man leicht einbrechen kann. Deshalb überprüfen wir regelmässig, ob alle Fenster und Türen nachts gesichert sind und bringen unseren Kindern bei, dasselbe zu tun.

In gleicher Weise müssen wir wachsam sein, was wir auf geistlicher Ebene in unser Zuhause und unser Leben hereinlassen. Wir müssen lernen, die Dinge zu erkennen, welche Dämonen anziehen wie der Müll die Ratten. Und vermeiden, dass sie Zugang zu unserem Leben erhalten. In diesem Kapitel schauen wir uns einige der häufigsten Bereiche an, die wir für Kinder und Jugendliche als relevant erachten und schlagen Schritte vor, um sie zu schließen. Diese Bereiche sind:

- Dämonisch inspirierte Bilder
- Dämonisch inspirierte Unterhaltung
- Flüche und Verwünschungen
- Domination, Manipulation und Kontrolle

Dämonisch inspirierte Bilder

Kinder können sehr verstörenden Bildern und Videos ausgesetzt sein. Dies kann aus Versehen oder auch absichtlich geschehen. Während sie sich bemühen, diese zu verarbeiten oder auszublenden, versuchen die Geister hinter diesen Bildern möglicherweise ihr Bestes, um durch Angst oder unnatürliche Anziehung in ihrem Leben Fuß zu fassen.

Wenn dein Kind etwas Verstörendes gesehen hat, hilf ihm, Jesus zum Herrn über seine Vorstellungskraft zu erklären und lass dies nicht unbehandelt. Andererseits solltest du dir bewusst sein, dass es möglicherweise Gebetshilfe benötigt, um den Dämonen, die versuchen, Zugang zu seinem Leben zu erhalten, aktiv Widerstand zu leisten: Bitte Gott um Vergebung (wenn die Bilder absichtlich angeschaut wurden) und vergib allen Beteiligten. Bitte Gott, die Bilder aus den Gedanken zu löschen und den damit verbundenen Schock oder die Abscheu zu heilen. Wenn es immer noch keine Freiheit verspürt, verwende die Befreiungsgebete im nächsten Kapitel, um es von jeglichem Geist zu befreien, der hinter dem steht, was es erlebt hat (z.B. Angst, Gewalt, Perversion usw.).

Dämonisch inspirierte Unterhaltung

Eltern fragen oft, ob ihre Kinder durch bestimmte Filme, Musik, Videospiele usw. von dämonischen Geistern angegriffen werden können. Wir glauben, die Antwort darauf liegt darin, dass wir lernen, *die Inspiration oder den Geist* hinter jedem Game, Film, Musikstück etc. zu prüfen. Möglicherweise ist es nicht immer sofort klar, welcher Geist dahinter steht. Wenn sich jedoch herausstellt, dass etwas dem Heiligen Geist entgegengesetzt ist, meide es (1. Thessalonicher 5,21-22).

Kinder verstehen möglicherweise zu Beginn nicht, warum du nicht möchtest, dass sie dieses Spiel spielen, welches „alle spielen" oder sie sich diesen Film anschauen, welcher schon „alle gesehen haben." Damit sie deine Entscheidung verstehen und künftig in der Lage sind, selbst gute Entscheidungen zu treffen, erkläre ihnen, dass es zwei geistliche Königreiche gibt. Gottes Reich bringt den Menschen ein erfülltes Leben. Satans Königreich ist darauf aus, Menschen zu verletzen. Satan möchte, dass wir uns für ihn, seine Macht und seine zerstörerischen Dinge interessieren. Gott aber möchte, dass wir IHN lieben und die Kraft seines Heiligen Geistes erfahren. Er möchte, dass wir Freude erfahren durch die Dinge, die ihm selbst Freude bereiten.

Darüber hinaus haben wir festgestellt, dass Kinder manchmal von bestimmten dämonischen Geistern befreit werden müssen, mit denen sie in direkten Kontakt gekommen sind: Okkulte Video- oder Kartenspiele, Fantasy-Rollenspiele, Experimente mit schwarzer und weisser Magie sowie okkulte Spiele, wo z.B. Dämonen online Fragen gestellt werden. Halluzinogene können Jugendliche direkt dem dämonischen Einfluss aussetzen. Wenn sie einmal Zutritt erhalten haben, können diese Geister in einem Kind Dinge wie Angst, Aggression, Sucht, die Anziehung zum Bösen und die Macht Satans verstärken.

Vielleicht ist dein Kind zum Beispiel bereits zutiefst spielsüchtig und zeigt Anzeichen von Aggression und Depression, hat begonnen zu lügen oder zieht sich zunehmend zurück und findet Gründe, die Schule zu schwänzen. In diesem Fall muss er oder sie möglicherweise von den dämonischen Kräften sowie von einem Suchtgeist befreit werden, die direkt hinter einem bestimmten Spiel stehen. Das bloße Wegnehmen des Spiels oder der Spielkonsole ohne sich mit den spirituellen Eindringlingen in ihrem Leben zu befassen, führt wahrscheinlich zu gewaltigen Auseinandersetzungen und ist nur teilweise wirksam. Nachdem dein Kind davon freigesetzt worden ist, braucht es ganz enge Begleitung. Es benötigt viel Unterstützung, Ermutigung und Möglichkeiten, neue Fähigkeiten zu erlernen und sich neu sozial zu vernetzen.

Die Kinder von der Kindertagesstätte in Argentinien

Eine christliche Psychologin, die Anfang der 2000er Jahre in der Kindertagesstätte in Jujuy arbeitete, stellte Folgendes fest: Die Kinder, die im Zentrum ungewöhnlich aggressives und unsoziales Verhalten an den Tag legten, gaben an, von einem bestimmten Fantasy-Kartenspiel süchtig zu sein. Sie hörte, dass der örtliche katholische Bischof die Eltern vor diesem Spiel warnte. Und so sah sie sich in der Folge den Inhalt dieses Spiels genauer an. Sie fand heraus, dass sich die Hauptstadt in der Fantasywelt „Satan City" nannte und dass die Hauptfigur oft Sätze gebrauchte wie: *Ich werde dir nie vergeben!*" Die Psychologin erkannte die Verbindung zwischen dem Verhalten der Kinder und den okkulten Kräften hinter dem Spiel. Es war, als hätte irgendetwas diese Kinder ergriffen, mit denen sie auf menschlicher und psychologischer Ebene nicht mehr umgehen konnten. Sie bat uns, zu kommen und für die Befreiung der Kinder zu beten. Wir stellten fest, dass sie in direkten Kontakt mit den Dämonen gekommen waren, die auf den Karten im Spiel abgebildet waren. Als wir mit ihnen die Befreiungsgebete durchbeteten, wurden sie freigesetzt. Sie hörten auf, aggressiv zu sein und integrierten sich wieder in ihre Gruppen; das Verhalten wurde stark verbessert.

Flüche und Verwünschungen

Es gibt verschiedene Arten von Flüchen und Verwünschungen, die Kinder treffen können. Worte können im Leben eines Kindes Segen oder Fluch bewirken, weil, wie die Bibel sagt, Leben und Tod in der Gewalt der Zunge liegen (Sprüche 18,21). Achte darauf, was du deinem Kind sagst und was andere zu ihm sagen. Aussagen wie „In der Schule wirst du nie gut sein!" oder „Niemand wird dich jemals heiraten wollen!" können wie ein Fluch im Leben eines Kindes wirken, der sie genau in diesem Bereich blockiert.

Andere Flüche können einem Kind durch Rituale oder Beschwörungsformeln aktiv auferlegt werden, um Unfälle, Streit, vorzeitigen Tod, plötzliche Krankheit usw. zu verursachen. Flüche können auf Grund von Fenstern, die von Vorfahren geöffnet wurden, über Generationen hinweg wirksam sein. Wir können von Feinden oder Rivalen verflucht werden, die uns bekannt und unbekannt sind oder von Satanisten, die sich allgemein im geistlichen Krieg gegen Christen engagieren. Familien, die Christus aktiv nachfolgen, sind besondere Zielscheiben. Wir mussten im Laufe der Jahre viele Flüche brechen, die gegen uns und unsere Kinder gerichtet waren, hinter Dingen wie plötzlich hohes Fieber, seltsame Schwere und Depression, die sich nach dem Gebet auflösten.

Im Gegensatz zu dem, was manche Leute glauben, können Flüche Christen durchaus treffen. Die Wahrheit aber ist, dass wir keine Angst davor haben müssen. Denke daran, dass wir uns in einem geistlichen Kampf befinden. Der Krieg ist gewonnen, aber der Teufel und seine Verbündeten werden uns bis zum Ende angreifen. Löcher in unserer Rüstung wie Verletzungen, Angst, Sünde, Uneinigkeit oder Streit zwischen den Eltern machen uns anfälliger für Flüche, die durchdringen. Wenn dies in deiner Familie geschehen ist, bereue dies einfach und bring die Situation ins Reine. Breche in aller Ruhe den Fluch, den du im Namen Jesu Christi identifiziert hast. Gründe dich auf der Tatsache, dass Jesus am Kreuz ein Fluch für uns geworden ist, damit Segen fliessen kann (Galater 3,13-14). Entscheide dich, wieder eng mit Jesus zusammen zu sein und gewöhne dich daran, täglich für dich und deine Familie den Schutz des Blutes Christi zu erbitten.

Keine Kopfschmerzen mehr nach dem Brechen des Fluches

Esther litt als Kind unter vielen Kopfschmerzen. Die Ärzte führten alle üblichen Tests durch, blieben jedoch ratlos. Trotz viel Heilungsgebet gab es keine wirkliche Veränderung. Eines Tages, als sie elf Jahre alt war, kam ihr bei einem Treffen in ihrem Haus das Gesicht eines zahnlosen Mannes in den Sinn mit einem Namen, den sie noch nie zuvor gehört hatte. Ihr Vater erinnerte sich, dass jemand mit diesem Namen einige Jahre zuvor in Kenia mit ihm zusammengearbeitet hatte. Er hatte einen schlechten Charakter und hatte die Mission wütend verlassen. Anscheinend hatte dieser Mann Esther verflucht. Sowohl Esther als auch ihre Eltern vergaben ihm und brachen den Fluch im Namen Jesu. Ihre Kopfschmerzen verbesserten sich dramatisch und auch ihre Sonntagsschullehrerin bemerkte, dass sie anders aussah.

Teenager sofort wieder hergestellt

Ein Paar brachte ihre sechzehnjährige Tochter Olivia zu uns. Sie hatte plötzlich begonnen, wie eine Achtjährige zu reden und sich dementsprechend zu benehmen. Niemand wusste warum. Es wurde klar, dass Olivia verflucht worden war. Tatsächlich erinnerte sie sich an eine Frau, die sie einen Tag nach der Schule von der Bushaltestelle abholte und ihr einen selbst gemixten Drink anbot. Nachdem sie diesen getrunken hatte, veränderte sich ihre Persönlichkeit. Es stellte sich heraus, dass die Frau die Ex-Liebhaberin ihres Vaters war und sie versucht hatte, sich an ihm zu rächen durch die versuchte Zerstörung seiner Tochter durch den verhexten Cocktail.

Olivia vergab ihrem Vater seine Untreue und vergab der Frau, welche sie verflucht hatte. Dann schwörte sie den Dämonen ab, welche durch das

Getränk in sie eingedrungen waren. Im Namen Jesu Christi brachen wir den Fluch und geboten den dazugehörigen Dämonen zu weichen. Sie manifestierten sich und verliessen Olivia. Auf der Stelle war Olivia wieder bei sich. Ihre Eltern weinten vor Freude mit ihr, als sie sahen, dass sie wieder sich selbst war.

Domination, Manipulation und Kontrolle

Gottes Plan für Beziehungen besteht darin, dass diese uns bereichern sollen. Gesunde Beziehungen bringen uns anderen näher und helfen uns, das Beste zu sein, was wir sein können. Manchmal versuchen Leute jedoch, uns dazu zu bringen, das zu tun, was sie wollen (Kontrolle) oder uns dazu zu benutzen, um das zu bekommen, was sie wollen (Manipulation). Dies kann beispielsweise bei Geschwistern oder Freunden der Fall sein. Kontrolle und Manipulation können mit Hexerei verglichen werden, die versucht, geistliche Kraft einzusetzen, um andere Menschen und Situationen zu beeinflussen. Wie Hexerei und Okkultismus können solche Beziehungen ein dämonisches Fenster öffnen.

Ein normaler Teil des Erwachsenwerdens besteht darin, zu lernen, seine Meinung zu äussern und gesunde Grenzen zwischen uns und anderen zu setzen. Wenn jedoch Menschen etwas in ihrem Leben haben, das einen kontrollierenden oder dominierenden geistlichen Einfluss auf dein Kind ausübt, muss dies im Gebet angegangen werden. Bitte Jesus, die Seile zu zerschneiden, die es an die andere Person binden. Stelle dir vor, wie er dies mit einer riesigen Schere tut. Wenn es sich noch immer nicht frei fühlt, wende die Befreiungsgebete im nächsten Kapitel an, um mit Geistern der Domination, Manipulation oder Kontrolle richtig umzugehen.

Denkpause

Gibt es offene Fenster im Leben deines Kindes? Wenn ja, welche Schritte könntest du unternehmen, um sie zu schließen?

Bitte Gott, das Herz und den Verstand deines Kindes vorzubereiten und dir die Gelegenheit zu geben, es freizusetzen.

22. Kinder befreien
Die Befreiungsgebete

Jesus sagte, dass das Austreiben von Dämonen eines der Zeichen sein würde, welches diejenigen begleitet, die an ihn glauben (Markus 16,17). Deshalb haben wir als christliche Eltern die Autorität, unsere Kinder freizusetzen. Wenn wir spirituelle Eindringlinge oder dämonische Geister aus unserem Leben vertreiben, müssen wir ihnen das Recht nehmen, dort zu sein. Ohne zu zweifeln, müssen wir ihnen klar machen, dass sie keine Aufenthaltserlaubnis haben. Es geht darum, sich auf die Tatsache zu berufen, dass Jesus Christus Satan und seine Dämonen am Kreuz besiegt hat. Zudem müssen wir seine Autorität einsetzen, um sie aus unserem Leben zu vertreiben.

Sobald ein Kind alt genug ist, um seinen Willen auszuüben, muss es an Jesus glauben, IHN in sein Leben einladen und sich aktiv am Befreiungsprozess beteiligen.[3] Zu diesem Zweck kannst du die unten stehenden Schritte der Befreiungsgebete verwenden.

DIE BEFREIUNGSGEBETE

1. Sage Jesus, wovon du befreit werden möchtest.

2. Wenn es durch etwas hereingekommen ist, das dir jemand getan hat, vergib ihm. Wenn es deine Schuld ist, bitte Jesus, dir zu vergeben, dass du es in dein Leben hineingelassen hast.

3. Sag dem Ding, dass es im Namen von Jesus Christus gehen soll.

Du kannst sagen...

1. „**Hallo Jesus!** Ich möchte frei sein von ...“

2. „**Bitte** vergib mir ...“

3. „**Ich sage** ... im Namen Jesu Christi **wegzugehen**.“

Danke Jesus, dass du mich befreit hast!

---

3   Siehe der Abschnitt im Anhang „Deinem Kind helfen, Jesus in sein Leben einzuladen.“

Die Erklärungen und Beispiele im Rest des Kapitels geben dir mehr Hintergrundwissen, um dieses leistungsstarke Werkzeug mit Zuversicht zu verwenden.

1. Schritt: Erkläre Gott, wovon du befreit werden möchtest

Eltern von Säuglingen und Kleinkindern haben in der geistlichen Welt die Autorität, um den Eindringling beim Namen zu nennen, von dem das Kind befreit werden muss und diesem zu gebieten, das Kind zu verlassen. Sobald ein Kind jedoch alt genug ist, um zu sprechen und seinen Willen auszuüben, kannst du es ermutigen, deutlich zu sagen, wovon es frei sein möchte. Wenn ein Kind einfach nicht freigesetzt werden möchte, erzwinge es nicht und versuche nicht, seinen Willen zu brechen. Bete aus Entfernung und binde die dämonischen Geister, die es beunruhigen (Markus 3,27). Bitte Gott, deinem Kind dabei zu helfen, dass es frei werden will und dass ER dir den richtigen Moment schenkt, um mit ihm für Befreiung zu beten.

2. Schritt: Wenn die Belastung durch etwas gekommen ist, das dir jemand anderes angetan hat, vergib ihm. Wenn es deine Schuld ist, bitte Jesus, dir zu vergeben, dass du es in dein Leben hereingelassen hast

Wenn du Gott bittest, dir eine Sünde zu vergeben, die einem dämonischen Geist den Zugang zu deinem Leben ermöglicht hat, so bringst du dies ans Licht, so dass Gott damit umgehen kann. Seine Vergebung reinigt dich und bricht die Kraft dieser Sünde in deinem Leben. Dies entzieht dem Dämon das Recht zu bleiben.

Wenn ein Dämon auf Grund dessen hereingekommen ist, was jemand anders getan hat (z.B. Missbrauch, Verlassenheit, Unfall als Folge von Vernachlässigung), so muss das Kind nicht um Vergebung für eine Sünde bitten. Es hat ja nichts falsch gemacht. Man muss jedoch der anderen Person vergeben. Viele Kinder sind erstaunlich schnell dazu bereit, anderen zu vergeben. Aber wenn ein Kind aus irgendeinem Grund nicht vergeben will, ist es nicht wahrscheinlich, dass es freigesetzt werden kann. Der Geist wird den Unwillen zur Vergebung als Erlaubnis nehmen zu bleiben. Überlege, ob ein solches Kind mehr Heilung braucht für damit im Zusammenhang stehende Verletzungen. Oder sprich mit dem Kind ausgiebiger darüber, was es bedeutet, zu vergeben.

3. Schritt: Sag dem Ding, dass es im Namen von Jesus Christus gehen soll

Stell dir einen Lehrer vor, der vor die Klasse tritt und sagt: „Könnte das Kind, das einen Stein durch das Laborfenster geworfen hat, bitte das Klassenzimmer verlassen?" Es ist nicht sehr wahrscheinlich, dass sich das schuldige Kind zu erkennen gibt und geht. Die Kinder merken schnell, dass der Lehrer keine Ahnung hat, wer das Fenster zerbrochen hat. Stell dir stattdessen vor, dass der Lehrer sagt: „Leon, Mr. Watts hat gesehen, wie du diesen Stein gestern nach der Schule durch das Laborfenster geworfen und die Scheibe zerbrochen hast. Er wartet auf dich in seinem Büro. Geh sofort zu ihm!" Leon weiß, dass er entdeckt wurde. Er kann sich nicht in der Menge verstecken oder so tun, als würde der Lehrer nicht mit ihm sprechen. Er wurde beim Namen genannt und dafür entlarvt, was er getan hat. Er hat keine andere Wahl, als zu gehorchen und das Klassenzimmer zu verlassen.

Wenn wir für Befreiung beten, müssen wir präzise sein und den Geist bei seinem Namen nennen, welchen wir hinausschicken. Nenne ihn einfach mit dem gleichen Namen wie das Problem, die Wurzel oder die Krankheit, welcher er begünstigt oder sie gar verursacht und nenne die Situation genau mit Namen, die erlaubt hat, dass er hereingekommen ist. Wenn ein Kind Angst hat, nachdem es einen gruseligen Film gesehen hat: „Ich befehle der Angst, die durch diesen schrecklichen Film hereingekommen ist, mich jetzt im Namen von Jesus Christus zu verlassen!"

Sprich direkt zu dem Problem (Dämon) und sage oder befiehl ihm, dass er dich im Namen Jesu verlassen soll. Gib ihm keine andere Wahl als zu gehen! Bitte nicht Jesus, den Geist für dich hinauszuschicken – dies ist deine Aufgabe. Denke daran, Jesus hat seinen Teil getan und sitzt jetzt zur Rechten des Vaters. Die Aufgabe, Dämonen in seinem Namen oder an seiner Stelle auszutreiben, wurde uns übertragen (Markus 16,17). Sprich ruhig und bestimmt während du dem Geist sagst, dass er gehen muss. Es ist nicht nötig laut zu werden während dem Befreiungsgebet. Schreien gibt dir nicht mehr Autorität und zwingt einen Dämon auch nicht, dir zu gehorchen.

Während der Befreiungsgebete

Bete weiter für Freiheit, bis der Dämon gewichen ist: Während du betest, fängt das Kind oder der Teenager möglicherweise an, eine körperliche Manifestation zu spüren, während der Geist nach oben kommt und sich darauf vorbereitet, zu gehen. Dies kann ein Druck im Magen sein, Kopfschmerzen, Aufregung, Angst, Übelkeit oder körperliche Schmerzen. Ein Geist geht oft durch Gähnen, Husten oder Aufstoßen oder einfach so, dass die Manifestationen nachlassen und sich stattdessen ein Gefühl der Leichtigkeit oder des Friedens einsetzt. Gebiete dem Dämon so lange, dass er gehen soll, bis diese Manifestationen vollständig aufgehört haben und sich das Kind besser fühlt.

Danke Jesus, dass er dich befreit hat: Unsere Freiheit war für unseren Herrn mit einem hohen Preis verbunden – sein eigenes Leben wurde für uns am Kreuz geopfert. Er verdient unseren herzlichen Dank und unser Lob! Lade ihn abschließend ein, dich erneut mit seinem Heiligen Geist zu erfüllen (Epheser 5,18).

Anna (8) wendet die Befreiungsgebete an

Wir haben Anna in einem früheren Beispiel kennengelernt. Anna ist zutiefst verärgert über die Tatsache, dass ihre Mutter sie vor Jahren verlassen hat. Diese Wut bewirkt aggressives Verhalten und bringt sie in alle möglichen Schwierigkeiten. Stellen wir uns vor, dass Anna durch den Schmerz, verlassen worden zu sein, bereits etwas Heilung und Trost von Jesus erhalten und ihrer Mutter vergeben hat durch die Verwendung der Heilungsgebete. Sie vermisst es immer noch, keine Mutter zu haben. Sie erkennt aber, dass die Wut nichts daran ändern wird. Es tut nur noch mehr weh. Sie möchte von der Wut befreit werden.

Papa: Möchtest du frei werden von dieser Wut?

Anna: Ja, gerne.

Papa: Kannst du Gott sagen, dass du frei werden willst von der Wut, die du fühlst, weil du von deiner Mutter verlassen worden bist?

Anna: Ja. Lieber Gott, Ich bin innerlich sehr wütend, weil Mama uns verlassen hat. Ich kann nicht aufhören wütend zu sein. Ich will nicht mehr wütend sein. Ich möchte frei sein!

Papa: Du hast Mama schon vergeben und der Herr hat dir deinen Schmerz weggenommen, erinnerst du dich? Du bist also bereit, Jesus zu bitten, dir zu vergeben, dass du diese Wut behalten und andere Menschen verletzt hast wenn du wütend warst?

Anna: Es tut mir leid, dass ich diese Wut behalten und andere verletzt habe, wenn ich wütend wurde. Bitte, Jesus, vergib mir.

Papa: Sage dem Zorn, dass er dich im Namen von Jesus Christus verlassen soll.

Anna: Ich sage dem Zorn, dass er im Namen von Jesus Christus aus meinem Leben verschwinden soll.

Während sie beten, fühlt Anna einen Druck in ihrem Bauch. Sie beten weiter, bis er gegangen ist.

Papa: Lasst uns Jesus danken, dass er dich befreit hat.

Anna: Danke, Jesus, dass du mich befreit hast!

Andere Schlüssel zur Befreiung

Die folgenden geistlichen Waffen stehen dir ebenso zur Verfügung, um den Feind zu besiegen:

- **Das Wort Gottes** (Matthäus 4,4)
- **Sich Gott unterstellen und sich entscheiden, zu widerstehen** (Jakobus 4,7)
- **Gottes Auftrag** (Markus 16,17)
- **Der Schild des Glaubens** (Epheser 6,16)
- **Das Blut Jesu und das Wort unseres Zeugnisses** (Offenbarung 12,11)
- **Der Name Jesus** (Lukas 10,17)
- **Die Liebe Gottes** (1. Johannes 4,18)

23. Gebetswerkzeuge kombinieren

Warum sowohl Heilung als auch Befreiung notwendig sind

Gärtner sagen, dass wir beim Jäten die gesamte Unkrautpflanze beseitigen müssen. Wenn wir nur die sichtbaren Teile entfernen, kann der Garten zwar schnell schön und ordentlich aussehen. Wenn wir uns hingegen nicht die Zeit und Mühe nehmen, die Wurzeln auszugraben, wird das Unkraut schnell wieder nachgewachsen sein. Sie sprießen aus dem Teil der Pflanze, der im Boden verblieben ist.

Wenn wir den emotionalen Schmerz eines Kindes heilen, ohne uns mit seinen Reaktionen auf den Schmerz auseinanderzusetzen oder die Dämonen auszutreiben, welche durch Schmerz Zugang erhalten hatten, fühlt das Kind sich vielleicht besser, ist aber nicht wirklich frei. Wenn wir jedoch verschiedene Gebete gebrauchen so wie wir unterschiedliche Gartenwerkzeuge verwenden, so können wir die verschiedenen Teile eines Problems auf einer tiefgründigen Ebene effizient behandeln. Wir sehen uns im Rest dieses Kapitels ein Beispiel dafür an, wie dieser Ansatz aussehen könnte.

Ein Beispiel für die Kombination von Gebeten, um Ablehnung zu überwinden

Erinnerst du dich an den siebenjährigen Noah aus einem früheren Kapitel? Er wurde von seinem Freund Joe und anderen Kindern in der Schule verletzt, als sie ihn wegen Ohren und Füssen auslachten. Seine Mutter hatte das mitbekommen, als er von der Schule nach Hause kam. In diesem Beispiel stellen wir uns vor, dass sie herausfindet, dass es nicht das erste Mal ist, dass Joe und seine Freunde Noah ausgewählt und ihn ausgelacht haben. Tatsächlich waren sie in letzter Zeit ziemlich schrecklich zu ihm. Noah hatte sich in seinem Schmerz gewälzt, was ihn provozierte, zu Hause ungewöhnlich aggressiv zu sein. Seine Eltern hatten dies beobachtet und wollten dem auf den Grund gehen. Als Noah eines Abends vor dem

Schlafengehen endlich darüber sprach, boten ihm seine Eltern an, mit ihm darüber zu beten.

Im Wissen der Gefahr einer etwas zu vereinfachten Darstellung, haben wir ein ausführliches Beispiel gewählt, um darzustellen, wie es aussehen könnte, wenn wir verschiedene geistliche Werkzeuge miteinander kombinieren. Wenn es dazu kommt, Gebete mit deinem Kind zu kombinieren, musst du natürlich darauf reagieren, was dein Kind tatsächlich sagt oder was es gerade erlebt oder nicht. Dies kann beinhalten, mehr über bestimmte Punkte zu sprechen oder zu beten, die es stören vor dem Weitergehen zum nächsten Schritt. Oder Zeit zu geben, damit Gefühle hochkommen und freigesetzt werden und so weiter. Denke daran, dass es deine Aufgabe als Vater oder Mutter ist, das Kind nicht zu überfordern oder ihm zu sagen, was es erleben/fühlen soll oder nicht, sondern zu jeder Zeit ein Kanal für Gottes heilende Liebe, Weisheit und Gnade zu sein.

Manchmal müssen gewisse Vorfälle mehrmals besprochen und im Gebet behandelt werden, besonders wenn der Schmerz tief ist und begonnen hat, die Denk- und Verhaltensweise zu beeinflussen. Die Gebete und Beispiele, die wir hier anschauen, sind ein einfacher Rahmen, den du verwenden kannst, um deinem Kind zu helfen, geheilt und befreit zu werden.

Beginnen wir mit den Gebeten zur Heilung verletzter Gefühle:

Papa: Möchtest du mit dem Herrn Jesus darüber sprechen, was dich innerlich verletzt hat so wie du es mir gesagt hast?

Noah: Hallo Jesus! Ich fühle mich innerlich schrecklich, weil Joe böse Dinge zu mir gesagt hat. Ich dachte, er wäre mein Freund, aber ich glaube nicht mehr, dass er mich noch mag. Er ist immer schrecklich zu mir. Ich glaube nicht, dass mich jemand mag in der Schule. Ich bin so ein Idiot.

Papa: Wie wäre es, wenn du jetzt deine Hand auf dein Herz legst und den Herrn bittest, deinen Schmerz zu heilen?

Noah: Bitte, Jesus, heile meinen Schmerz und hilf mir, dass ich mich wieder besser fühle.

Papa: Wie fühlst du dich jetzt?

Noah: Besser. Es geht mir nicht mehr so schlecht.

Papa: Kannst du Joe und den anderen Kindern vergeben, was sie dir angetan haben?

Noah: Ja, ich vergebe Joe für das, was er zu mir gesagt hat. Ich vergebe den anderen
          Kindern, dass sie mich ausgelacht haben.

Wenn Noah vergeben will, aber nicht kann, muss er möglicherweise von
Unversöhnlichkeit befreit werden. Seine Eltern könnten ihm vorschlagen,
die Befreiungsgebete anzuwenden:

Mutter: Befiehl der Unversöhnlichkeit, dass sie dich im Namen Jesu verlassen soll.
          Noah: Ich gebiete dieser Unversöhnlichkeit im Namen von Jesus Christus
          von mir zu weichen. Ich möchte vergeben, so wie Jesus mir vergeben hat!

Noah räumt auf mit seinen negativen Reaktionen auf die Verletzung mit
den Gebeten bei falschen Reaktionen:

Papa: Wie wäre es, wenn du Jesus jetzt sagst, dass es dir leid tut, dass du schlechte
          Gefühle in deinem Herzen behalten hast gegenüber denen, die dich verletzt
          haben? Bitte ihn, diese schlechten Gefühle wegzunehmen.

Noah: Jesus, es tut mir leid, dass ich meinen Freund Joe und die anderen Kinder ge-
          hasst habe für das, was sie zu mir gesagt haben. Bitte nimm diesen Hass weg.

Papa: Wenn die schlechten Gefühle immer noch da sind, kannst du dem Geist
          (Wut, Hass, Ablehnung oder was auch immer du fühlst) sagen, dass er im
          Namen Jesu weggehen soll.

Noah: Hass, verlasse mich im Namen von Jesus Christus!

Möglicherweise hat Noah begonnen, sich wegen des Mobbings selbst abzulehnen und nutzt die Befreiungsgebete, um sich von der Selbstablehnung zu befreien:

Mutter: Möchtest du mit Jesus darüber sprechen, wie du dich fühlst?

Noah: Hallo Jesus, manchmal mag ich mich nicht, wenn ich darüber nachdenke, was diese Kinder zu mir gesagt haben. Ich weiß, dass du mich liebst. Bitte vergib mir.

Mutter: Wie fühlst Du dich jetzt?

Noah: Ich weiß, dass Jesus mich liebt, aber ich mag mich selbst nicht!

Mutter: Wie wäre es, wenn du diesem Geist, der dir diese Lügen zuflüstert, sagst, dass du nicht mehr auf ihn hören willst und dass er dich im Namen von Jesus verlassen soll?

Noah: Ok. Ich sage diesem Geist, der mir schlechte Dinge über mich zuflüstert, mich im Namen Jesu zu verlassen.

Achtung: Ein Kind, das geheilt und befreit wurde, braucht möglicherweise Hilfe beim Lernen, sich in Freiheit zu bewegen und vorwärtszukommen. Wenn es beispielsweise von Selbstablehnung befreit worden ist, könnte es immer noch daran gewohnt sein, negativ über sich selbst zu denken und müsste deshalb eine neue Art des Denkens und Verhaltens lernen. Im Anhang reden wir darüber, wie Kinder befreit bleiben und vorwärtsgehen können.

Mögliche weitere Schritte

Denke zum Schluss daran, dass Probleme miteinander verbunden sein können. Zusätzlich zur erforderlichen Kombination der fünf grundlegenden Gebete für Heilung und Freiheit muss dein Kind möglicherweise auch:

- Ungöttliche emotionale oder geistliche Bindungen brechen: Sage Gott, dass du nicht mehr an diese schädigende Person gebunden sein oder von ihr kontrolliert werden möchtest. Stelle dir vor, Jesus schneidet die Seile durch und setzt dich frei. Befiehl jedem Geist der Kontrolle oder der Domination dieser Person, dass er dich verlassen soll, indem du die Befreiungsgebete anwendest.

- Körperliche Heilung erhalten: Lege deine Hand auf den Teil deines Körpers, der geheilt werden soll und bitte Jesus, dich zu heilen (Markus 16,18).

- Lerne zu widerstehen: Lies Gottes Wort und lerne Bibelverse auswendig. Versuche Gott zu gefallen mit allem, was du denkst, sagst und siehst. Wähle deine Freunde sorgfältig aus.

Denkpause

Überprüfe die fünf Gebete für Heilung und Befreiung (siehe Zusammenfassung auf S. 162-164).

Wie könntest du dieses Beispiel anpassen, um mit deinem Kind für Heilung und Befreiung zu beten?

ANHANG

Deinem Kind helfen, Jesus in sein Leben einzuladen   124

Die Kommunikation verbessern   125

Was ist eigentlich los?   129

Gebet während der Schwangerschaft   132

Anpassung der Gebete an verschiedene Altersstufen   135

Heilung sexueller Zerbrochenheit   139

Heilung von sexuellem Missbrauch   144

Probleme, die in der Familie auftreten   149

Kindern helfen, frei und geheilt zu bleiben   155

Literaturverzeichnis / Literaturempfehlung   160

Über die Autoren   161

Geistliche Werkzeuge für Kinder & Jugendliche   162

Deinem Kind helfen, Jesus in sein Leben einzuladen

Das Evangelium in 5 Farben

Fünf einfache Farben helfen Kindern zu verstehen, wer Jesus ist, was er für sie getan hat, wie sie an ihn glauben und ihn in ihr Leben einladen können. Charles Haddon Spurgeon benutzte diesen Ansatz in einer Botschaft an mehrere hundert Waisenkinder im Jahr 1866. Es gibt heute viele Variationen. Hier ist unsere.

Farbe	Erinnert uns	Evangelium Wahrheit	Vers
Gelb	Gold, Sonne, Wärme, Smileys	Gott liebt dich! Seine Liebe zu dir endet nie. Er bereitet für dich einen Platz im Himmel.	Jeremia 31,3 Johannes 14,2
Schwarz	Dunkelheit	Alles, was du sagst, denkst oder fühlst, was Gott nicht mag, wird Sünde genannt. Die Sünde trennt uns von Gott und führt zum Tod. Jeder sündigt, auch du. Du kannst dieses Problem nicht selbst lösen.	Römer 3,23 Jesaja 59,2
Rot	Jesus vergoss sein Blut, als er am Kreuz starb	Jesus ist Gottes Sohn. Er wurde ein Mensch, aber er hat nie gesündigt. Er hat deine Sünde und die Strafe für deine Sünde auf sich genommen, als er am Kreuz starb. Er tat dies aus freiem Willen. Er ist wieder von den Toten auferstanden und er lebt heute noch!	Johannes 3,16 1 Kor. 15, 3-4
Weiß	Weisses Blatt Papier	Jesus nimmt deine Sünde weg und gibt dir ewiges Leben. Du kannst an ihn glauben und ihn in dein Leben einladen. Gott selbst lädt dich ein, diesen Schritt zu tun.	Johannes 1,12 Offenbarung 3,20

Nimm dir einen Moment Zeit, um auf Gottes Einladung mit deinen eigenen Worten zu antworten oder bete die folgenden Worte:

Lieber Herr Jesus, Danke, dass du mich liebst. Danke, dass du für mich am Kreuz gestorben bist. Vielen Dank, dass du heute noch lebst. Bitte, komm in mein Leben und vergib mir alle meine Sünden. Ich möchte für immer dein Freund sein. Amen

Farbe	Erinnert uns	Evangelium Wahrheit	Vers
Grün	Gras, wachsende Pflanzen	So wie Pflanzen wachsen, kannst auch du in deinem Glauben wachsen. Du kannst dies tun, indem du mit Gott sprichst, sein Wort (Bibel) liest, zur Kirche gehst, um mehr über Gott zu erfahren und anderen zusammen zu sein, die ihn lieben und indem du ihn um Vergebung bittest und anderen vergibst, wann immer dies erforderlich ist.	2. Petrus 3,18 1. Johannes 1,9

Die Kommunikation verbessern

Die Kommunikation ist der Schlüssel für ein heilsames Zuhause. Es ist wahrscheinlicher, dass dein Kind sich öffnen wird, wenn es sich bereits gewohnt ist, mit dir zu sprechen und mit dir Zeit zu verbringen. Mache es dir zur Aufgabe, eine Herzensbeziehung aufzubauen, die deinem Kind kommuniziert, dass es geliebt, gehört und geschützt wird. Hier sind einige Ideen, um dich zu ermutigen.

1. Beginne noch heute

Du kannst nie früh genug damit beginnen, mit deinem Kind zu kommunizieren. Ein ungeborenes Baby kann bereits nach 16 Wochen deine Stimme hören. Während das Baby wächst, kann es auf das Tippen der Finger auf den Bauch der Mutter reagieren! Es ist auch nie zu spät, Wege zu finden, um mit einem älteren Kind zu kommunizieren. Wenn dies neu ist für dich, mache kleine Schritte, z.B. schreibe eine Notiz, um deinem Kind einen guten Tag zu wünschen oder frage, ob es einen guten Tag hatte.

2. Körperkontakt

Kinder brauchen viel Körperkontakt. Es ist essentiell, sie von früh auf viel zu berühren und zu umarmen. Während ältere Jungen Zuneigungsbekundungen in der Öffentlichkeit kaum zulassen, bedeutet dies nicht, dass sie Umarmungen zu Hause oder eine kleine Rückenmassage vor dem Schlafengehen nicht mögen. Besonders junge Mädchen brauchen auch die Umarmungen ihres Vaters.

3. Lies mit ihnen Geschichten und sprich mit ihnen über sie

Konzentriere dich auf die Gefühle und Emotionen, welche die Personen in den Geschichten erfahren, so dass es für dich selbstverständlich wird, gemeinsam über Gefühle zu sprechen. Stelle einen Zusammenhang her mit der eigenen Erfahrung deines Kindes, indem du Fragen stellst wie: „Hast du auch schon mal so fest Angst gehabt wie X in unserer Geschichte als Y passierte?" Oder „Erinnerst du dich, als du deinen Teddy verloren hast und traurig warst und wie glücklich du warst, als wir ihn wieder gefunden haben?"

4. Zusammen essen

Wenn möglich, hab jeden Tag mindestens eine gemeinsame Mahlzeit. Setze dich an den Tisch und schalte Fernseher und Mobiltelefon aus. Beginne mit einem Gebet, um Gott für das Essen zu danken und bitte ihn, eure gemeinsame Zeit zu segnen. Frage dein Kind nach seinem Tag und erzähle ihm von deinem. Kinder wissen gerne, was die Erwachsenen tagsüber gemacht haben! Führe das Gespräch hin zu ermutigenden und glaubensfördernden Themen; vermeide Negativität, Klatsch und Kritik.

5. Familienandacht

Plane jeden Tag eine Familienandacht. Wir haben dafür eine gute Zeit gefunden, direkt nach dem Abendessen, bevor wir abräumen. Fasse dich kurz, aber sei offen für interessante Diskussionen, wenn Kinder dies möchten. Beginne damit, eine Stelle aus der Bibel oder einen wichtigen Bibelvers zu lesen. Auf unserem Fenstersims liegt eine Schachtel mit dreißig wichtigen Bibelversen. Auch nach vielen Jahren ziehen unsere Jungs immer noch gerne einen heraus und kennen viele von ihnen auswendig. Nimm dir einen kurzen Moment Zeit, damit alle über den Vers nachdenken können. Dann frage, wer etwas dazu sagen möchte. Es ist erstaunlich, wie viele tiefe Diskussionen über den Glauben wir in einer solchen Runde schon mit unseren Jungs hatten. Das Gebet kann beendet werden, indem man gemeinsam Gott dafür dankt und für individuelle und allgemeine Bedürfnisse betet.

6. Zusammen spielen

Nimm dir die Zeit, um als Familie jede Woche Spaß zu erleben. Dies muss nichts kosten oder muss auch nicht den ganzen Tag in Anspruch nehmen. Es könnte etwas Einfaches sein wie: zusammen spielen oder spazieren gehen im Wald. Es kann auch etwas Besonderes sein oder ein spezieller Ausflug etc. Widerstehe der Versuchung, andere Erwachsene oder Kinder in diese Zeiten mit einzubeziehen. Hier geht es darum, dass du und dein Kind zusammen sind.

7. Mit jedem Kind etwas einzeln unternehmen

Wenn du mehrere Kinder hast, versuche ab und zu, mit jedem Kind einzeln etwas zu unternehmen. Es ist erstaunlich, wie dies einem Kind helfen kann, sich zu öffnen. So war es beim Mittagessen zu zweit, als unser Sohn seinem Vater aus heiterem Himmel erzählte, dass er dachte, er müsse sterben. Er hatte einen knochigen Teil an seiner Brust gefunden, den er vorher nicht bemerkt hatte, und sein achtjähriger Verstand nahm das Schlimmste an. Vor dem Mittagessen hatten wir keine Ahnung, dass unser Sohn sich um irgendetwas Sorgen machte. Aber seinen Vater für sich alleine zu haben, gab ihm das Vertrauen, seine Angst auszusprechen und Daniel konnte ihm versichern, dass alles völlig in Ordnung war.

8. Familienurlaub

Exklusive Familienanlässe wie gemeinsame Ferien bieten die einmalige Gelegenheit, einander näherzukommen und zu erfahren, wie es deinem Kind wirklich geht. Solche gemeinsamen Zeiten haben uns geholfen, schwierige Phasen und volle Terminkalender zu überstehen. Vielleicht hat man danach das Gefühl, dass man Ferien brauche, um sich von den Ferien zu erholen (Gewisse Dinge können intensiv werden!); die Beziehungen werden jedoch gestärkt. Wenn du gerne mit anderen Familien oder Gruppen in den Urlaub fährst, achte darauf, dass dies nicht jedes Mal so ist.

9. Massenmedien in gesundem Ausmass konsumieren und Alternativen anbieten

Elektronische Geräte und Medien können beides: die Kommunikation zu Hause behindern wie auch unterstützen. Der richtige Umgang damit erfordert Nachdenken, Disziplin und regelmäßiges Überprüfen. Fördere kreative und aktive Hobbys wie Sport, Musik, Lesen, Basteln, Spielen usw., die das Interesse deines Kindes an der Welt um es herum wecken. Beteilige dich gegebenenfalls und rede mit den Kindern danach über die gemachten Erfahrungen. Suche stets nach neuen Aktivitäten und Erfahrungen, die ihr gemeinsam erleben könnt.

10. Zusammen lachen

Man sagt „Lachen ist die beste Medizin". Dies ist eigentlich ein biblischer Grundsatz aus Sprüche 17,22: *„Ein fröhliches Herz fördert die Genesung"*. Ich (Esther) wurde oft ein bisschen nervös in meiner Rolle als Mutter und Ehefrau. Aber als ich feststellte, dass Gott das glücklichste Wesen im Universum ist und dass er Spaß hat und Lachen liebt, beschloss ich, mich zu entspannen und mehr zu lachen! Ich beschloss, über mich selbst und andere zu lachen (nicht sie auslachen, natürlich) und die humorvolle Seite des Lebens zu betonen. Das Ändern meiner Einstellung löste viele Spannungen und half uns, unser Zuhause glücklicher und gesünder zu gestalten.

Was ist eigentlich los?

Vergangene Erfahrungen mit dem gegenwärtigen Verhalten verknüpfen

Ein Rückblick auf das Leben deines Kindes – von der Zeugung bis zur Gegenwart – kann dir helfen, ein besseres Verständnis dafür zu erhalten, welche Erfahrungen, Situationen und Ereignisse (Wurzeln) in der Vergangenheit aktuelle Probleme hervorrufen könnten.

Einen biografischen Rückblick erstellen

Denke systematisch über das Leben deines Kindes nach. Führe alle wichtigen Ereignisse, Situationen oder Erfahrungen auf, die in irgendeiner Weise verletzend, traumatisch oder anderweitig herausfordernd waren.

Betrachte zunächst die Lebensumstände als dein Kind gezeugt wurde. Wie war die Beziehung zwischen dir und dem leiblichen Vater oder der leiblichen Mutter deines Kindes? Wie hast du auf die Nachricht reagiert, dass ein Baby unterwegs ist? Wolltet Ihr beide ein Kind? Wolltest du zu diesem Zeitpunkt ein Kind in deinem Leben?

Betrachte die neun Monate im Mutterleib. Wie war die Schwangerschaft? Gab es zu jener Zeit etwas besonders Stressiges oder Schwieriges in deinem Leben? Hast du dich auf die Geburt deines Kindes gefreut? Wie hast du auf das Geschlecht des Babys reagiert (falls bereits bekannt)?

Psalm 139 beschreibt das ungeborene Kind als eine Person, die Gott im Mutterleib entstehen lässt. Es empfängt einen Geist und eine Seele bei der Zeugung und sein Körper ist in Entwicklung. Er oder sie kann Emotionen spüren und von den Vorgängen innerhalb und außerhalb des Mutterleibs beeinflusst werden, zum Beispiel, ob er/sie gewollt ist oder abgelehnt wird. Es gibt immer mehr Hinweise darauf, dass Babys im Mutterleib eine Reihe persönlicher Emotionen erfahren und auf mütterliche Gefühle wie Angst, Schmerz oder Besorgnis reagieren.

Unerklärliche Depressionen, mangelnder Lebenswille, Gefühle der Nichtzugehörigkeit, tiefsitzende Ablehnung oder Unsicherheit bei Kindern und Jugendlichen stehen häufig in Verbindung mit den Umständen, die ihre Zeugung und ihre Zeit im Mutterleib begleitet haben. Ein ehrlicher Blick auf das, was damals vor sich ging, könnte den Schlüssel zu ihrer heutigen Heilung offenbaren.

Betrachten wir nun die Geburt deines Kindes. Lief alles normal ab oder war es traumatisch? Waren sowohl Mutter wie auch der Vater anwesend? Wie hast du reagiert, als du deinen Sohn oder deine Tochter zum ersten Mal gesehen hast?

Betrachte auf gleiche Weise die Zeit nach der Geburt, die Kleinkinderzeit und die Teenagerphase bis zum heutigen Zeitpunkt.

Betrachte im Gebet jede Lebensphase:

- Gab es in eurer Zeit als Eltern etwas besonders Stressiges oder Schwieriges in eurem Leben und in euren Beziehungen?
- Was waren die bedeutenden verletzenden Ereignisse und Erfahrungen meines Kindes?
- In welchen Situationen haben Ereignisse möglicherweise seine natürlichen Schutzbarrieren durchbrochen und es für dämonische Angriffe anfällig gemacht?
- Gab es noch andere offene Fenster in seinem Leben, durch die Dämonen hätten eintreten können?

Muster und Zusammenhänge erkennen

Notiere alle Probleme, mit denen dein Kind heute zu kämpfen hat. Wann haben diese Probleme begonnen? Vergleiche die biografische Übersicht deines Kindes mit den Notizen über aktuelle Probleme. Stehen aktuelle Probleme chronologisch im Zusammenhang mit wichtigen Ereignissen in deinem biografischen Rückblick oder mit Personen oder Aktivitäten im Leben deiner Kinder? War sonst noch etwas los im Leben deines Kindes, bevor diese Probleme auftraten?

Und was jetzt?

Nun, da du eine klarere Vorstellung davon hast, was vor sich geht und welche Ursachen für Probleme es gibt, beginne über die identifizierten Wurzeln, Verhaltensmuster und Zusammenhänge zu beten. Behandle im Gebet deinen Teil in den identifizierten Problemen (verwende dazu die Heilungs- und Befreiungsgebete). Wenn du freier wirst, stellst du möglicherweise fest, dass dein Kind automatisch auch ein gewisses Maß an Freiheit erhält.

Bete für dein Kind und bitte den Herrn, es vorzubereiten und dir den richtigen Moment und die richtigen Worte zu geben, um mit ihm zu sprechen und für Heilung und Befreiung zu beten.

Wie viel solltest du teilen?

Wenn Eltern die Punkte zwischen aktuellen Problemen und vergangenen Ereignissen verbinden, fragen sie sich oft: „Soll ich mit meinem Kind darüber sprechen, was geschehen ist? Und wenn ja, wie viele Details sollte ich mit ihm teilen?"

Wenn du alleinerziehend bist, bietet sich die Frage „Warum lebt meine Mama oder mein Papa nicht mit uns?" möglicherweise als eine natürliche Eröffnung für das Thema an. Oder du fragst einfach ein älteres Kind oder einen Teenager, wann sie angefangen haben, sich traurig zu fühlen. Wenn sie sich nicht erinnern können, biete ihnen an, gemeinsam zu beten und den Herrn zu bitten, ihnen zu zeigen, wann es begonnen hat.

Um mit einem Kind über schmerzhafte oder traumatische Themen zu sprechen, sind Weisheit, Sensibilität und die Führung des Heiligen Geistes notwendig. Du kennst dein Kind am besten – und der Heilige Geist kennt es noch besser. Achte darauf, es nicht mit Informationen zu belasten, die es nicht kennen muss, um geheilt und befreit zu werden. Oder mit irgendetwas, das eine bestehende Beziehung unnötig belasten könnte wie z.B. zu einem anderen Familienmitglied.

Gebet während der Schwangerschaft

Deine Gebete machen einen mächtigen Unterschied

In Jeremia 1,5 sehen wir, dass Gott uns schon vor unserer Zeugung und Geburt kennt und einen Plan hat für unser Leben:

„Ehe ich dich im Mutterleib bildete, habe ich dich ersehen, und bevor du aus dem Mutterschoss hervorkamst, habe ich dich geheiligt..." (Jeremia 1,5).

In Psalm 139,13 und 15-16a stellen wir fest, dass er bei der Zeugung anwesend ist, uns im Mutterleib zusammenhält und den gesamten Wachstumsprozess überwacht. Er bestimmt die Tage unseres Lebens und schenkt uns Wertschätzung sowie ein sinnvolles Leben. Auch wenn die Umstände unter welchen dein Kind gezeugt wurde nicht optimal waren, Gott sieht dein Kind trotzdem. Er hat ihm sein Leben gegeben und verleiht ihm Sinn. Er nimmt es ernst als Person, deren Geist, Seele und Körper bereits von ihm berührt wird und auf ihn reagieren kann.

Heilung und Befreiung im Mutterleib

Schon im Mutterleib kannst du für dein Kind so beten, wie der Heilige Geist dich führt. Das Buch von Francis und Judith MacNutt, *„Beten für das ungeborene Kind"*, hat uns dabei sehr geholfen. Bitte den Herrn, das Kindlein mit seiner Liebe und Gegenwart zu erfüllen und ihm zu helfen, in jeder Phase seiner Entwicklung perfekt zu wachsen. Du kannst gezielt für Heilung und Befreiung von dir bekannten Problemen beten, die dein Kind betreffen könnten. Hier sind einige Beispiele:

Wenn du Kenntnis hast von Krankheiten oder Allergien in der Familie, gebrauche die Befreiungsgebete, um dich dagegen zu wehren und befehle ihnen, dein Baby zu verlassen.

Wenn ein Elternteil die Schwangerschaft abgelehnt hat, bitte Gott, dir für deinen Teil zu vergeben und vergebt euch gegenseitig. Sage Gott deine Ängste und Sorgen und empfange seinen Frieden und seine Versorgung. Entscheide dich, das Kind anzunehmen und danke Gott für sein Leben. Gebrauche die Heilungsgebete und bitte Gott, jegliche Verletzung oder Ablehnung, die dein Kind bereits erlitten hat, zu heilen. Bitte Gott, ihn oder sie mit seiner Liebe zu erfüllen. Befiehl jedem Geist der Ablehnung oder des Traumas, der versucht Fuß zu fassen, zu weichen.

Wenn du einen Schock oder ein Trauma erlebt hast, gebrauche die Heilungs- und Befreiungsgebete für dich selbst und schliesse dein ungeborenes Baby mit ein. Bitte Gott, das Kindlein mit Frieden und Freude zu füllen.

Umgang mit dämonischen Angriffen

Bete täglich um Schutz für dein ungeborenes Kind. Gehe entschlossen vor gegen natürliche oder dämonische Angriffe auf die Gesundheit oder die Entwicklung deines Kindes. Hier sind zwei Beispiele, die dich ermutigen sollen.

Fehlgeburt abgewendet

Eines Nachts, als Esther mit unserem zweiten Sohn schwanger war, war sie alleine zu Hause, als sie plötzlich das Gefühl hatte, das Baby zu verlieren. Sie fragte den Herrn, wie sie beten sollte und erkannte, dass dies ein direkter dämonischer Angriff auf das Leben unseres Babys war. Sie begann sich den körperlichen Symptomen zu widersetzen und nutzte die Befreiungsgebete, um Autorität über jeden dämonischen Geist zu bekommen, der unser Baby angriff und versuchte, seinen vorzeitigen Tod zu provozieren. Sie kämpfte noch etwa eine Stunde im Gebet, bis Daniel nach Hause kam und mit ihr zusammen betete. Zehn Minuten später fühlte sich Esther wieder ganz normal und gesund! Im weiteren Verlauf der Schwangerschaft dankten wir Gott regelmäßig, dass er *„[unsere] Hände geschickt gemacht hat zum Kampf und [unsere] Finger zum Krieg"* (Psalm 144,1). Denn als der Angriff kam, konnten wir diesen erkennen und besiegen.

Genetische Störung überwunden

Ein Paar erhielt die verheerende Nachricht, dass ihr ungeborenes Baby eine genetische Störung habe. Die Liste der möglichen Probleme und Prognosen war düster: Bestenfalls würde das Kind in einer normalen Schule erhebliche Lernschwierigkeiten haben. Im schlimmsten Fall wäre es schwerbehindert und könnte nicht gehen. Während wir mit ihnen beteten, erinnerte sie der Herr an die Worte eines Nachbarn: „Hey, ihr habt schon zwei gesunde Kinder, warum wollt ihr das Schicksal herausfordern?!" Gott zeigte ihnen, dass die Angst vor einem abnormalen Kind durch diese Worte Wurzeln geschlagen und gewachsen war und das Fenster für dämonische Angriffe geöffnet hatte. Sie bereuten ihre Angst, vergaben dem Nachbarn und befahlen den Geistern, die versuchten, die Anomalien herbeizubringen, ihr Baby zu verlassen. Die Mutter spürte eine Bewegung in ihrem Leib als der Geist ausfuhr. Während der gesamten Schwangerschaft vertrauten sie weiterhin auf Gottes Wort und hielten an seinen Verheißungen zur Heilung fest – auch wenn sich an der Diagnose keine offensichtlichen Veränderungen zeigten. Als ihr kleiner Junge geboren wurde, hatte er nur eines der vielen vorhergesagten Probleme und dieses konnte chirurgisch behoben wurden. Er entwickelte sich normal weiter. Einige Jahre später gaben die Ärzte bekannt, dass das Kind bei bester Gesundheit sei und schlossen seine Krankheitsakte.

Anpassung der Gebete an verschiedene Altersstufen

Hinweise zum Einstieg

Die Heilungs- und Befreiungsgebete basieren auf ewigen Wahrheiten, die für alle Altersgruppen gelten können. Passe einfach die Sprache an den Entwicklungsstand und die jeweilige Situation deines Kindes an. Hier sind einige Überlegungen, die dir dabei helfen sollen.

Babys und Kleinkinder

Für die Befreiung kleiner Kinder zu beten ist normalerweise einfach. Bill Banks, ein erfahrener Befreiungsseelsorger, glaubt, dies liege daran dass die eigene Persönlichkeit des Kindes, die in der Seele beheimatet ist, noch nicht mit dem bösen Geist übereinstimmt. Die Schrift sagt: *„Gehen auch zwei miteinander, ohne dass sie übereingekommen sind?"* (Amos 3,3) Frühzeitige Befreiung, wenn notwendig, erlaubt eine gesunde Entwicklung für Geist, Seele (Verstand, Wille, Emotionen) und Körper, und verhindert das Eindringen eines bösen Geistes.[1]

Wir empfehlen mit ihm zu beten, während du es in deinen Armen hältst oder über ihm während es schläft. Ein Kind kann die Augen öffnen oder kurz aufwachen, wenn der Geist es verlässt, und dann sofort wieder einschlafen. Wenn der Geist vererbt und nicht aus dem Mutterleib vertrieben wurde, so ist dies der Moment, die Gebete für Familienprobleme anzuwenden.

Kleinkinder (4-6 Jahre)

Bete mit kleinen Kindern in einfacher Sprache. Zum Beispiel könnte man zu einem Kind, das von einem Geist der Angst geplagt wird, sagen: „Sagen wir *diesem Ding* welches dir Angst bereitet im Namen Jesu zu verschwinden." Es kann hilfreich sein, dein Kind auf deinem Schoß zu halten, wäh-

---

[1] Siehe: *Deliverance for Children and Teens* von Bill Banks, S. 112, Impact Books, Kirkwood, 1989

rend du betest, falls es das möchte. Dies kann ein Weg sein, Sicherheit und Liebe zu vermitteln. Manchmal rutscht ein Kind jedoch unter den Tisch oder das Bett oder beginnt zu schreien, wenn der dämonische Geist versucht, dem Gebet zu widerstehen. Übernimm ruhig die Autorität in deinem Geist über die sich manifestierende dämonische Kraft und gebiete ihr, das Kind zu verlassen. Sei sanft, aber bestimmt. Wenn ein Dämon geht, kann ein Kind gähnen, husten oder sich einfach aufheitern und bereit sein, wieder glücklich zu spielen.

Bereite ein kleines Kind auf das Gebet vor, indem du ihm biblische Geschichten über Jesus erzählst, die sich auf seine Güte konzentrieren, wie er Menschen liebte, ihnen half, sie heilte und Kinder willkommen hiess und ihnen erlaubte, auf seinen Knien zu sitzen. Nutze die Schönheit der Schöpfung um dich herum, um einem kleinen Kind zu zeigen, wie gut Gott und mächtig er ist. Sag ihm, dass die Bibel uns sagt, dass Gott uns mit Namen kennt und dass er sogar weiss, wie viele Haare wir auf dem Kopf haben! Er interessiert sich für unsere Haustiere und kümmert sich um die Welt, die er gemacht hat, indem er Regen schickt und uns Essen gibt.

Ältere Kinder (7-12 Jahre)

Die moralischen Werte und das Verständnis eines Kindes für Wahrheit, Integrität, Gerechtigkeit, Moral und Ethik sind wahrscheinlich bereits vorhanden, wenn es neun Jahre alt ist. Ab dem zehnten Lebensjahr verfeinern die meisten Menschen ihre Ansichten einfach, wenn sie älter werden, ohne die Grundüberzeugungen wirklich zu ändern.[2] Denke daran, wenn du einem älteren Kind dienst. Beziehe seinen Verstand und Willen mit ein und nimm es als denkende, reflektierende Person ernst. Hilf ihm, die Wahrheiten hinter den Gebeten und die Zusammenhänge zwischen Wurzeln und den Problemen zu verstehen.

Ein Kind, das nicht freigesetzt werden möchte, sollte nicht unter Druck gesetzt werden, da dies wahrscheinlich dazu führt, dass es rebellisch wird.

---

2   Basierend auf Forschungen der Barna Group (www.barna.org).

Wenn dies auf dein Kind zutrifft, bete aus der Ferne und vermittle ihm weiterhin bedingungslose Liebe.

Jugendliche

Wenn du über die Jahre den Grundstein für eine Herzensbeziehung zu deinem Kind gelegt hast, ist es für dich eine Selbstverständlichkeit, weiterhin mit deinem Kind über Probleme zu sprechen und zu beten, auch wenn sie Teenager werden. Zieh dich also nicht zu früh zurück! Wir fanden es hilfreich, einen Termin mit unseren älteren Teenagern zu vereinbaren, um über ein Thema zu reden und darüber zu beten, womit sie zu kämpfen haben. Ermutige sie, die Heilungs- und Befreiungsgebete zunehmend selbst auch zu nutzen.

Abgesehen davon profitieren Teenager enorm von zusätzlichen Inputs und Gebeten von Menschen außerhalb des heilsamen Zuhauses. Vorbilder wie Jugendleiter oder gottesfürchtige Verwandte können entscheidend dazu beitragen, dass Jugendliche diese herausfordernden Jahre gut überstehen. Mache es zu einer Priorität, jede Woche eine inspirierende Gemeinde zu besuchen. Wähle einen Ort aus, an den deine Teenager gerne hingehen und gute christliche Freunde finden können. Deine eigenen Vorstellungen von einem „schönen Gottesdienst" sind an dieser Stelle sekundär. Die Bedürfnisse deines Teenagers sind zu diesem Zeitpunkt wichtiger.

Erwäge, deinem Teenager die Teilnahme an christlichen Lagern zu ermöglichen, wo dies möglich ist. Jugendliche öffnen sich in der besonderen Atmosphäre eines Lagers oft für Erwachsene und füreinander. In einem Lager, an dem unsere Söhne teilnahmen, fiel der Heilige Geist beispielsweise auf viele Teenager, heilte bei einigen angestauten Schmerz und schenkte anderen große Freude. Ermutige die Jugendlichen auch, füreinander zu beten. Im gleichen Lager sagte der Herr einem Zwölfjährigen, dass er für einen bestimmten Jungen beten soll. Er rief unseren Sohn zu Hilfe und sie fanden einen fünfzehnjährigen Jungen weinend allein auf seinem Bett liegen. Sie fragten ihn, was los sei, und er schüttete ihnen sein Herz aus. Sie tauschten Erfahrungen aus ihrem eigenen Leben aus, konnten den Jungen ermutigen und ihn mit einem erwachsenen Teammitglied in Kontakt bringen, um weitere Hilfe zu erhalten. Sein Leben wurde verändert!

Wenn die Beziehung zwischen dir und deinem Teenager angespannt oder gar kaputt ist, kann es angebracht sein, dass ein vertrauenswürdiger Seelsorger deinen Teenager regelmäßig begleitet, um Probleme zu lösen. Respektiere seine Privatsphäre und setze weder ihn noch den Seelsorger unter Druck, dir zu erzählen, was besprochen wurde. Es sei denn, dies wurde vorgängig so vereinbart. Dein Teen muss das Gefühl haben, sich jemandem öffnen zu können, ohne dass alles, was gesagt wird gleich wieder bei dir landet! Wenn dies deine Situation ist kannst du wahrscheinlich auch von einer parallel geführten Beratung profitieren, um alle damit verbundenen Probleme in deinem eigenen Leben zu lösen. Indem ihr beide in größere Freiheit gelangt, wird sich eure Beziehung zunehmend verbessern.

Heilung sexueller Zerbrochenheit

Ein Rahmen für die Wiederherstellung

Die meisten Kinder wachsen heute in einer stark sexualisierten Welt auf. Sie brauchen Hilfe beim Navigieren durch sexuelle Minenfelder, die das Potenzial haben, ihnen ernsthaften Schaden zuzuführen und sie vernarbt und zerbrochen zurückzulassen. Und sie brauchen Eltern, die stark genug sind, um bei ihnen zu sein, wenn etwas schief geht oder wenn etwas bereits schief gelaufen ist. Kinder, die sexuell zerbrochen sind oder die mit sexuellen Sünden zu kämpfen haben, z.B. wenn sie mit einem Freund oder einer Freundin körperlich zu weit gegangen sind oder Pornos konsumieren, fühlen sich oft unwürdig und verabscheuen sich selbst.

Jakes Geschichte

Jake beschrieb, wie er am Rande der Kirche herumhängen und sich eigentlich engagieren wollte, sich aber wegen seiner Pornosucht zu unwürdig fühlte. Wir zeigten ihm, wie er seine Sünde bekennen und Gottes Vergebung empfangen konnte. Dann befreiten wir ihn von den Dämonen, die durch das, was er gesehen hatte, in ihn eingedrungen waren. Wir diskutierten über Strategien, um Versuchungen zu vermeiden, und ermutigten ihn, sich darauf zu konzentrieren, seine Identität als Sohn Gottes zu stärken. Er erkannte, dass er nicht perfekt sein musste, um Teil der Gemeinschaft der Gläubigen zu sein, und er begann, Gott mit seinen Gaben zu dienen.

Begleite dein Kind

Einige Christen glauben, sexuelle Sünden seien eine Klasse für sich. Eine ganz schlimme und eigene Art von Sünde. In Wirklichkeit ist es jedoch nicht so, dass sexuelle Sünden notwendigerweise schlimmer sind als andere. Die tiefe Verbindung zwischen Sexualität und Identität macht die sexuelle Sünde jedoch potenziell verheerender und ihre Folgen weitreichender als andere Sünden, wobei das Risiko einer Schwangerschaft und das Risiko sexuell übertragbarer Krankheiten oft außer Acht gelassen wird. Wir haben vielen jungen Leuten wie Jake über die Jahre geholfen, ihren

Weg zurück zu geistlicher Gesundheit und Ganzheitlichkeit zu finden, wenn sexuelle Sünde oder Zerbrochenheit sie zu ruinieren drohten.

Wenn also dein Kind Probleme hat, ziehe dich nicht zurück, und lass es nicht alleine beim Bewältigen seines Durcheinanders. Verurteile und vernachlässige es nicht. Begleite es in Demut und Liebe. Setze Grenzen und Maßstäbe für das Verhalten in deinem Zuhause. Bete intensiv. Benutze deine geistlichen Werkzeuge, bete mit dem Kind und hilf ihm, zurück zu Ganzheitlichkeit und Freiheit zu finden.

5 Schritte für den Umgang mit sexueller Sünde

Was kannst du tun, wenn dein Kind mit sexueller Sünde zu kämpfen hat? Vielleicht ist es pornosüchtig oder in eine sexuelle Beziehung verstrickt, die außer Kontrolle geraten ist. Bleibe ganz ruhig und *versichere ihm, dass du es liebst, egal was es getan hat oder jemals tun könnte*. Halte die Kommunikationskanäle offen. Ermutige es, schnell damit umzugehen. Führe die folgenden Schritte aus, um zu einem Ort der Vergebung und der Wiederherstellung zurückzukehren:

1. Bekenne deine Sünde und wende dich davon ab. Bitte um Gottes Vergebung und empfange sie. Vergib dir selbst. Bringe gegebenenfalls die Situation mit anderen in Ordnung (verwende die Vergebungsgebete).

2. Heile alle Verletzungen von damit im Zusammenhang stehenden Personen oder Situationen (verwende die Gebete zur Heilung verletzter Gefühle und/oder Erinnerungen). Zum Thema Missbrauch siehe „sexuellen Missbrauch heilen" hier im Anhang.

3. Bete für Befreiung von Geistern, die durch die sexuelle Sünde in dein Kind eingedrungen sind (verwende die Befreiungsgebete).

4. Trenne es von Bindungen zur anderen Person. Sage Folgendes: „Ich trenne mich von…(Name der Person)." Möglicherweise musst du auch für Befreiung von der Domination und Kontrolle durch einen Sexualpartner beten (verwende die Befreiungsgebete).

5. Wenn es mit Sünden zu kämpfen hat, die mit der Verwirrung der sexuellen Identität zusammenhängen, braucht es neben Umkehr und Befreiung möglicherweise auch emotionale Heilung. Zum Beispiel wenn

es im Mutterleib oder bei der Geburt als „falsches" Geschlecht abgelehnt wurde. Oder wenn es von jemandem des gleichen Geschlechts sexuell missbraucht oder von einem Elternteil stark dominiert wurde (verwende die Heilung- und Befreiungsgebete).

Sexuelle Versuchung überwinden

Der Umgang mit sexueller Sünde im Gebet ist wichtig. Du musst deinem Kind auch helfen, nicht wieder in dieselbe Sünde zu fallen. Hier sind einige Richtlinien:

Analysiere, was geschehen ist. Hilf deinem Kind herauszufinden, warum und wie es in die Situation geraten ist sexuelle Sünden zu begehen, so dass es eine *praktische* Strategie entwickeln kann, um nicht wieder den gleichen Fehler zu begehen. Wenn du eine Mitverantwortung trägst in dem, was passiert ist, entschuldige dich bei deinem Kind und bitte um Vergebung.

Konzentriere dich auf die Identität in Christus. Baue sein Wissen auf, wer es in Christus ist (Identität) und ermutige es, Gottes Wort in seinem Herzen zu bewahren (Psalm 119,10-11). Wie wirkt sich unsere Identität auf den Umgang mit unserem Körper und dem anderer Menschen aus? Was bedeutet es, ein Tempel des lebendigen Gottes zu sein? (1. Korinther 6,19) Ein Kind, das genau weiß, wer es in Christus ist, ist mächtig ausgerüstet und positioniert, um in Reinheit voranzukommen und sexuellen Versuchungen zu widerstehen.

Entscheide dich im Voraus. Sprich mit deinem Kind im Voraus darüber, wie es sich entscheiden muss, was es tun will und wer es sein möchte. Nicht in der Hitze des Augenblicks, in dem die Hormone verrückt spielen und die Neugierde ihren Höhepunkt erreicht.

Vermeide die Versuchung. Bringe deinem Kind bei, die Versuchung zu vermeiden. Lege einige Grundregeln fest, um ihm zu helfen. Zum Beispiel nicht alleine mit einem Freund oder einer Freundin zu Hause zu sein. Bringe den Kindern bei, ihre Augen vor sexueller Versuchung zu schützen, z.B. Wegschauen bei aufreizender TV-Werbung, Mädchen in Hotpants nicht hinterherschauen etc.

In Reinheit wachsen

Vielleicht fragst du dich, wie realistisch es sei, Kinder zu ermutigen oder von ihnen zu erwarten, in der heutigen Welt rein zu bleiben? Immerhin ist Pornografie nur einen Klick entfernt und mit dem Freund/der Freundin zu schlafen scheint an der Tagesordnung zu sein. Welche Chance hat dein Kind? Ist das nicht eine bereits verlorene Schlacht? Absolut nicht! In Reinheit zu wachsen ist möglich. Es gefällt Gott und es wird helfen, weiteren Kummer zu vermeiden. Um jedoch erfolgreich zu sein, müssen sie Gottes Grundregeln kennen und sich ihnen verpflichten. Sie benötigen dabei die volle Unterstützung der Eltern sowie christlicher Freunde, wo immer dies auch möglich ist.

Zusätzlich zu den oben angesprochenen Dingen kannst du mit den folgenden Punkten eine gesunde Grundlage für sexuelle Reinheit im Leben deines Kindes (wieder-)herstellen:

Sprich auf natürliche Weise mit deinem Kind über seinen Körper. Unsere Körper sind nicht schmutzig – sie sind ein Tempel des Heiligen Geistes! Sex ist nicht schmutzig – er ist ein wunderbares Geschenk Gottes! Wir müssen das Thema nicht meiden, in gedämpfter Lautstärke darüber sprechen oder seltsame Codenamen für Körperteile oder sexuelle Handlungen verwenden.

Bestätige die sexuelle Identität als göttliche Idee: „Als Mann und Frau schuf er sie; und er segnete sie und gab ihnen den Namen ‚Mensch‘, an dem Tag, als er sie schuf." (1. Mose 5,2). Sprich mit deinen Kindern darüber, wie wunderbar es ist, dass Gott sie zu den Jungen oder Mädchen gemacht hat, die sie sind. Sprich darüber, wie wir als Männer und Frauen einander ergänzen, um ein Ganzes zu bilden. Sogar unser Gehirn ist anders, aber sie ergänzen sich. Dies ist die Art von Information, die besonders vorpubertäre Jungen, lieben – sie ist einfach umwerfend. Und man kann eine coole Zeit dabei haben, das Thema zusammen zu erforschen!

Bringe deinem Kind bei, Sex hoch zu schätzen. Gott hat Sex als eine mächtige vereinigende Kraft, als Quelle großer Freude und als Gefäß für ein mögliches neues Leben konzipiert. Aber er hat sein Geschenk in den Ehebund gelegt, damit es uns nicht Schaden zuführt. Kinder werden befreit, wenn sie die Wahrheit hören. Nicht, wenn sie sich auf das einlassen, was die Welt darüber vorgibt. Erlaube also nicht, dass Sex in deinem Zuhause durch unanständige Witze oder billig gedrehte Filme beeinträchtigt wird. Sei schlauer und hilf deinem Kind zu durchschauen, was auf dem Spiel steht.

Bring ihm bei, Angehörige des anderen Geschlechts mit Respekt zu behandeln. Achte darauf, was Liebe ist und wie Jesus Liebe ausdrückte, indem er sein Leben für seine „Braut" niederlegte, die Gemeinde, zu der wir gehören. Wenn dieses Wissen vorhanden ist, können Kinder fundierte, biblische Entscheidungen treffen in Bezug auf ihre eigene Sexualität, statt mit der Menge mitzugehen (und zu weinen).

Heilung von sexuellem Missbrauch

Schritte zur Heilung und Freiheit

Sexueller Missbrauch hinterlässt tiefe Wunden in der Seele eines Kindes. Er beeinflusst, wie ein Kind sich selbst sieht, wie es fühlt und wie es mit anderen umgeht. Wiederherstellung kann ein Prozess sein, der Zeit braucht. Sexueller Missbrauch kann Berührungen (z.B. unangemessener Umgang mit den Genitalien von Erwachsenen, Kindern oder Beteiligung eines Kindes an sexuellen Handlungen) und Nichtberührungen (z.B. einem Kind seine Genitalien zeigen, sie beim Ausziehen beobachten, zeigen von pornografischem Material) umfassen.

Wenn die Wunden des sexuellen Missbrauchs zu eitern beginnen, können sie verheerende Auswirkungen auf Schlüsselbereiche der Entwicklung haben, wie z.B. auf die emotionale Gesundheit, sexuelle Identität und auf zukünftige Beziehungen. Mithilfe der Heilungs- und Befreiungsgebete kannst du deinem Kind helfen, das Trauma des sexuellen Missbrauchs zu überwinden. Wenn du einen solchen vermutest, dir aber nicht sicher bist, verwende die folgende Checkliste, um weitere Informationen zu erhalten.

Mögliche Anzeichen für sexuellen Missbrauch bei Kindern sind:

- Unerklärliche und plötzliche Veränderungen der Persönlichkeit oder des Verhaltens, z.B. Aggression, Rückzug, Stimmungsschwankungen
- Altersungerechtes sexuelles Verhalten ohne offensichtliche Erklärung, z.B. in Worten, Zeichnungen, Rollenspielen
- Körperliche Anzeichen wie Schmerzen, Blutergüsse an Genitalien, Anus, Mund oder Ausfluss
- Anhaltende Schmerzen oder Schwierigkeiten beim Wasserlassen und Stuhlgang
- Rückfall auf jüngeres Verhalten, z.B. Bettnässen
- Identitätsverwirrung
- Übermäßiger Rückzug in eine Fantasiewelt
- Unerklärliche Angst vor bestimmten Orten oder Menschen

- Albträume, Schlafstörungen
- Veränderungen im Appetit auf Essen

Wenn dein Kind gar eine Kombination solcher Symptome aufweist, achte genauer darauf. Und nimm ernst, was es dir erzählt. Auch wenn es dir unwahrscheinlich oder unbedeutend erscheint. Sei bereit, wo notwendig erforderliche Maßnahmen zu ergreifen, um dein Kind vor weiterem Missbrauch zu schützen.

Wenn du weisst, dass dein Kind sexuell missbraucht wurde, gehe folgendermaßen vor, um mit deinen Reaktionen umzugehen und um Heilung und Befreiung für dein Kind zu beten: Sexueller Missbrauch ist äusserst gravierend, und die Genesung ist oft ein langwieriger Prozess. Die folgenden Schritte sind nicht einfach! Nimm dir dafür Zeit und wiederhole sie bei Bedarf.

Schritte für Eltern

1. Gib Jesus deinen Zorn und deinen Schmerz am Kreuz.

Die Bibel sagt, dass er *alle* unsere Sünden und Schmerzen getragen hat (Jesaja 53,4), d.h. es gibt keine Kategorie von Leiden, die Jesus nicht erlebt hat. Er hat gelitten, damit du und dein Kind frei sein können. Wir halten es sogar für wahrscheinlich, dass Jesus vor seiner Kreuzigung von den römischen Soldaten sexuell missbraucht wurde.

2. Vergib der Person, die dein Kind missbraucht hat.

Dies kann ein schmerzhafter Prozess sein, der Zeit und Entschlossenheit erfordert, insbesondere wenn der Täter jemand ist, den du kennst und dem du vertraut hast. Glücklicherweise sagte Jesus, dass wir „siebzigmal siebenmal" vergeben sollen (Matthäus 18,22). Dies zeigt, dass er wusste, dass Vergebung manchmal ein Kampf ist! Es kann hilfreich sein, jedes Mal „Ich vergebe dir" zu sagen, wenn dir diese Person und das, was sie getan hat, in den Sinn kommt – was viele Male sein kann.

3. Vergib dir selbst, falls notwendig.

Vielleicht fühlst du dich schuldig, dass du den Missbrauch nicht stoppen konntest. Aber oft gab es nichts, was du oder jemand anders hätte tun können, um den Missbrauch zu verhindern. In diesem Fall hast du möglicherweise falsche Schuldgefühle. Lege dies am Kreuz nieder und höre auf, dich weiterhin selbst zu beschuldigen. Wenn du in irgendeiner Weise schuldig bist, so bitte Gott, dir zu vergeben und vergib dir selbst.

4. Sorge dich um die Sicherheit deines Kindes.

Überlege, ob rechtliche Schritte angemessen sind und welche praktischen Schritte du unternehmen musst, um die zukünftige Sicherheit deines Kindes (und die Sicherheit anderer Kinder) diesbezüglich zu gewährleisten. Dein Kind benötigt möglicherweise auch einen Arzttermin, um es auf sexuell übertragbare Krankheiten zu untersuchen.

Schritte für Kinder (mit Bemerkungen für die Eltern)

Die Fürsorge für ein Kind, das sexuell missbraucht wurde, erfordert große Liebe, Weisheit und Fürsorge. Du musst eine Gebetskombination verwenden, die wir hier in neun Schritten vereinfacht haben. Wenn ein Kind mit einem bestimmten Schritt zu kämpfen hat, gehe zurück zum betreffenden Gebet und gehe den Schritt genauer durch, bis es bereit ist, weiterzumachen.

1. Das Kind muss erkennen: Was mit ihm passiert ist, ist nicht seine Schuld.

Opfer sexuellen Missbrauchs fühlen sich häufig schuldig, z.B. „Ich muss etwas getan haben, um dies zu verdienen." Vielleicht benutzte der Täter Drohungen oder Süsswaren, um zu bekommen, was er wollte. Kläre die Schuldprobleme: „Was diese Person dir angetan hat war ungesetzlich und strafbar." Unabhängig davon, ob das Kind glaubt, dass es das Geschehene gutgeheissen hat oder nicht: Der Täter überschritt eine Grenze, die er nicht hätte überschreiten dürfen.

2. Gib Jesus deinen Schmerz am Kreuz und bitte ihn, diesen zu tilgen.

3. Gib Jesus auch andere Gefühle am Kreuz, welche im Zusammenhang mit dem Missbrauch stehen, z.B. Angst, Zorn und sich schmutzig fühlen.

4. Vergib der Person, die dich missbraucht hat, was sie dir angetan hat.

5. Vergib, falls notwendig, den Eltern oder anderen Erwachsenen, dass sie dich nicht beschützt haben.

6. Sprich aus, dass du im Namen Jesu Christi frei sein möchtest von der Person, die dich missbraucht hat. Stell dir vor, wie Jesus mit einer grossen Schere die Seile durchschneidet, die dich an sie binden.

7. Gebiete allem, was durch den Missbrauch in dein Leben gekommen ist, dich im Namen Jesu Christi zu verlassen.

Dämonen können die Beschädigung der natürlichen Schutzbarriere eines Kindes ausnutzen, die eine tiefe Wunde wie sexueller Missbrauch hervorruft, um in sein Leben treten. Zu den üblichen Missbrauchsgeistern zählen Missbrauch an sich (der auf weiteren Missbrauch abzielt), Ablehnung und Selbstablehnung, sexuelle Unreinheit und Perversion, Domination, Grausamkeit, Angst, Panik, Wut, Identitätsverwirrung, Depression und Selbstmord.

8. Gehe auch mit deinen Reaktionen auf den Missbrauch ins Gebet.

Im Fall von sexuellem Missbrauch muss ein Kind oder ein Jugendlicher möglicherweise für den Hass auf den Täter um Vergebung bitten. Wenn es sich aufgrund des Missbrauchs auf eigene sexuelle Sünden eingelassen hat, muss es diese bereuen und sich von ihnen abwenden. Jugendliche müssen möglicherweise länger darüber reden, um den Zusammenhang zwischen sexuellem Missbrauch in der Vergangenheit und dämonischen sexuellen Bindungen zu verstehen, mit denen sie heute in ihrem eigenen Leben zu kämpfen haben.

9. Erfahre, wer du in Christus bist.

Sexueller Missbrauch ist im Wesentlichen eine tiefe Ablehnung. Die Täterschaft interessiert sich nicht wirklich für das Kind, das er oder sie missbraucht hat. Er oder sie benutzte das Kind, um zu bekommen, was sie wollten. Erinnere dein Kind als Vater oder Mutter daran, wie viel es dir bedeutet, wie sehr du es liebst und schätzt. Unterweise sie, wer sie in Christus sind, d.h. dass sie geliebt, auserwählt und geschätzt werden.

Einige Kinder fragen, warum Gott sie nicht vor Missbrauch schützte, wenn er sie doch so sehr liebe. Erkläre, dass Gott dem Menschen den freien Willen gegeben hat. Dies bedeutet, dass er ihn nicht davon abhalten kann, diesen zu nutzen, um andere Menschen zu verletzen. Sonst wäre es kein freier Wille. Aber wenn Menschen andere verletzen, tut ihm das auch weh. Deshalb hat er es uns ermöglicht, geheilt und frei zu werden von den Folgen der Sünde anderer – indem Jesus am Kreuz gestorben ist und alle Sünden und Schmerzen auf sich genommen hat.

Probleme, die in der Familie auftreten

Gebete für Familienprobleme

Sprüche wie „der Apfel fällt nicht weit vom Stamm" oder „wie die Mutter, so die Tochter" werden verwendet, um ein Kind zu beschreiben, das ähnlich ist wie ein Elternteil in Bezug auf Aussehen, Verhalten, Einstellungen oder Fähigkeiten. Während wir bestimmte vererbte körperliche Merkmale wie lange oder kurze Beine, braune oder blaue Augen nicht ändern können, können wir unseren Kindern helfen, sich von negativen Neigungen in der Familie zu befreien.

Gegen Ende seines Lebens fiel König Salomo, anders als sein Vater König David, vom Glauben ab.[3] Die Könige, die nach Salomo kamen, standen vor der Wahl, dem Herrn zu folgen oder die Sünden ihrer Vorfahren zu wiederholen.[4] Dies zeigt uns, dass jeder von uns, unabhängig davon, was die noch lebenden oder verstorbenen Mitglieder unserer Familie tun oder getan haben, wählen kann, dem Herrn zu folgen und ihm aus eigenem Willen zu dienen. Wir können wählen, frei zu sein von den Auswirkungen der Sünden unserer Vorfahren, von den Auswirkungen der Sünden, die gegen sie begangen wurden und von Dämonen, die dadurch Zugang zu unserer Familie erhalten haben.

Neigungen in der Familie

Wir können für ein Kind bereits im Mutterleib für Heilung und Freiheit von Problemen beten, die in der Familie vorhanden sind. Oder von dem Moment an, wenn wir die Zusammenhänge erkennen. Dies erleichtert es Kindern, Probleme in der Familie zu überwinden, den Neigungen zur Sünde in Bereichen zu widerstehen, die in der Familie vorhanden sind und Heilung von vererbten Krankheiten zu erhalten.

---

3   1. Könige 11, 9-10
4   Z.B.: Abija in 1. Könige 15,1-3; Abijas Sohn Asa in 1. Könige 15,9-11

Beispiele für familiäre Geister, denen wir in unserem Dienst begegnet sind, sind Dämonen der Wut, Lüge, Depression, Minderwertigkeit, Stolz, Unversöhnlichkeit, Grausamkeit, Rebellion, Alkoholismus, Zauberei, Missbrauch, Untreue, Verlassenheit, Ängste, Phobien und Armut. Wenn in deiner Familie ein Problem auftritt, besteht die Möglichkeit, dass dämonische Festungen errichtet wurden, die für deren Zerstörung Befreiungsgebete notwendig machen.

Wir können nicht alle unsere Probleme auf unsere Verwandten oder die Sünden unserer Vorfahren abschieben. Die Umgebung zu Hause beeinflusst auch bestimmte Verhaltensweisen und Einstellungen. Kinder lernen zu imitieren, was sie bei ihren Eltern beobachten. Trotzdem *steht es uns allen frei, einen anderen Weg zu wählen*. Denke also daran: Wir erben keine Sünde, aber ein Familiengeist kann versuchen, uns zu dieser zu drängen. Mit anderen Worten: Was uns weitergegeben wird, ist die *Tendenz* zu einer bestimmten Sünde, welche durch das von Familienmitgliedern gelebte Beispiel noch verstärkt werden kann.

Um dämonische Festungen, die in der Familie vorkommen, erfolgreich zu zerstören, übernimm bei Bedarf die volle Verantwortung dafür, dass du die gleichen Sünden wie deine Vorfahren in deinem Leben wiederholt hast. Wenn du von Familiengeistern befreit worden bist, lerne anhand der Gebete für Familienprobleme neue Wege, wie du dich in Übereinstimmung mit der Schrift verhalten und denken kannst. Bringe deinen Kindern bei, dasselbe zu tun. Dies kann bedeuten, gegen das zu verstoßen, was alle anderen in deiner Familiengruppe glauben oder weiterhin praktizieren. Bleib standhaft. Die Freiheit für dich selbst und dein Kind ist es wert!

Erbkrankheiten heilen

Wir haben viele Erbkrankheiten angetroffen, die eine dämonische Komponente haben. Zum Beispiel wurde Daniel, bevor wir heirateten, von Heuschnupfen geheilt und befreit. Wir wussten, dass Allergien auf beiden Seiten unserer Familie vorhanden waren. Deshalb beteten wir für jedes unserer Kinder schon im Mutterleib. Wir proklamierten, dass Christus all ihre Allergien und Krankheiten am Kreuz getragen hat und dass ihr geistliches Erbe in Christus Gesundheit ist gemäss Jesaja 53,4-5. Während wir so beteten, gähnte Esther häufig. Wir fuhren fort, bis sie aufhörte zu gähnen und sich friedvoller und leichter fühlte. Anschliessend beteten wir für die körperliche Heilung aller Allergien. Wir glaubten, dass der Herr unsere ungeborenen Kinder auf diese Weise befreien würde. Abgesehen von dem seltsamen Heuschnupfen bei zwei Söhnen, dem wir im Gebet und mit einer kurzen Dosis Antihistaminika widerstanden haben, waren alle Gott sei Dank frei von Allergien!

Die Gebete für Familienprobleme sind einfach, aber kraftvoll. Wenn die Krankheit in deiner Familie vorkommt, empfehlen wir dir, dieses Gebetswerkzeug zu verwenden, um dich gegebenenfalls zuerst selbst zu befreien und dann mit oder an Stelle deines Kindes zu beten.

Nachdem der Geist hinter der Krankheit verschwunden ist, ist es wichtig, auch für körperliche Heilung zu beten. Als Nachfolger Christi sind wir bevollmächtigt, Krankheiten zu heilen (Markus 16,18). Du kannst für Heilung beten, indem du deine Hand auf dein Kind legst und Bibelverse proklamierst, die über Heilung sprechen wie Jesaja 53,4-5. Ermutige dein Kind, dieses Gebet für sich selbst zu beten:

„Danke Jesus, dass du meine Krankheit am Kreuz getragen hast. Danke, dass ich durch deine Wunden geheilt bin."

Ein allgemeines Gebet

Kenntnis über deine Familiengeschichte kann hilfreich sein, um festzustellen, wofür du beten sollst. Möglicherweise weisst du nicht viel über Einzelheiten, hast jedoch Probleme festgestellt, mit denen du oder dein Kind heute zu kämpfen haben. Das folgende allgemeine Gebet kann dir dabei helfen, mit diesen umzugehen. Wenn mehr Probleme auftauchen oder die Dinge klarer werden, verwende die spezifischen Gebete für Familienprobleme. Füge einfach die Informationen hinzu, die du gegebenenfalls hast:

„Lieber Gott, ich vergebe all meinen Vorfahren für alle Sünden, die sie begingen und die unsere Familie für dämonische Festungen, Flüche, Krankheiten

oder die Neigung zu bestimmten Sünden geöffnet haben. Ich vergebe jedem, der gegen meine Familie und meine Vorfahren gesündigt, sie betrogen, missbraucht, verflucht, in irgendeiner Weise verletzt oder sie für dämonische Aktivitäten in ihrem Leben geöffnet hat. Ich sage mich los von allen Dämonen, die hinter Problemen in meiner Familie stecken. Ich löse mich von und befehle ihnen, im Namen Jesu zu verschwinden. Ich breche alle Flüche in meinem Leben, die mit meinen Vorfahren zusammenhängen. Ich gebiete jedem Geist der Krankheit in meiner Familie, zu verschwinden. Ich bitte dich, mich durch das Blut Jesu Christi, meines Erlösers, zu heilen, das für mich am Kreuz vergossen wurde. Ich erkläre: Mein geistliches Erbe ist ein Kind Gottes in Jesus Christus zu sein. Im Namen Jesu Christi. Amen.“

Die Gebete für Familienprobleme

Die im Folgenden aufgeführten Gebete für Familienprobleme können deinem Kind dabei helfen, bestimmte Hindernisse zu überwinden, die du als solche identifiziert hast. Beachte, dass diese Gebete den Befreiungsgebeten ähneln. Am Ende ist noch ein zusätzlicher Schritt vorgesehen, um für körperliche Heilung zu beten, wie dies beispielsweise bei Erbkrankheiten erforderlich ist. Das folgende Beispiel gibt dir eine Vorstellung davon, wie du diese Gebete verwenden könntest.

Nick betet das Gebet für Familienprobleme

Der vierzehnjährige Nick hat ein Problem mit Wut. Er will frei davon sein. Seine Mutter hatte auch mit Wut zu kämpfen und stellte fest, dass diese auf Seite ihres Vaters ein Familienproblem war. In der Folge setzte sie sich selbst mit den Vergebungs- und Befreiungsgebeten frei davon. Seitdem hat sie ihre Wut viel besser unter Kontrolle und neue Reaktionsweisen gelernt.

Nun will auch Nick frei sein. In diesem Beispiel führt ihn seine Mutter durch das Gebet für Familienprobleme:

Mutter: Du weißt, dass dein Grossvater schreckliche Wutanfälle hatte. Kannst du ihm vergeben, dass er unsere Familie für diesen Geist der Wut geöffnet hat?

Nick: Lieber Gott, ich möchte frei sein von dieser schrecklichen Wut. Ja, ich vergebe meinem Großvater für seine Wut, die unsere Familie für einen Geist derselben geöffnet hat.

Mutter: Bitte Jesus, dir deinen Teil zu vergeben, wenn du in Wut gerätst und wo du andere Menschen verletzt hast, wenn du wütend wurdest.

Nick: Jesus, es tut mir leid, dass ich so wütend werde und andere Menschen verletze, wenn ich wütend bin. Bitte vergib mir.

Mutter: Gebiete dem Geist des Zorns, dass er dich im Namen Jesu Christi verlassen soll.

Nick: Ich gebiete diesem Geist der Wut, mich im Namen Jesu Christi zu verlassen. Ich will nicht mehr so aufbrausend sein. Mein Erbe in Christus sind Selbstbeherrschung und Sanftmut, nicht Wut.

Nick und seine Mutter gebieten dem Geist des Zorns so lange, ihn im Namen Jesu Christi zu verlassen, bis er vollständig gewichen ist und Nick Frieden spürt. Dann nehmen sie sich einen Moment Zeit, um Gott gemeinsam zu danken:

Mama: Wie wäre es, Jesus dafür zu danken, dass er dich befreit hat?

Nick: Danke, Jesus, dass du mich befreit hast! Hilf mir, in Zukunft mein Temperament zu kontrollieren.

DIE GEBETE FÜR FAMILIENPROBLEME

1. Vergib deinen noch lebenden oder verstorbenen Verwandten, dass sie dir eine Neigung oder Anfälligkeit für bestimmte Sünden, Krankheiten oder andere Probleme weitergegeben haben.

2. Bitte Gott, dir zu vergeben, wo du dich in ähnlicher Weise verhalten hast oder auf irgendeine Art und Weise am schädigenden Familiengeist festgehalten hast.

3. Befiehl dem Geist, dich im Namen Jesu Christi zu verlassen.

Du kannst aussprechen...

1. „**Hallo, Jesus!** Ich vergebe... dass sie mir die Tendenz zu ... an mich weitergegeben haben.."

2. „**Bitte** vergib mir meinerseits..."

3. „**Ich gebiete** diesem Problem/Krankheit (Geist) der... von ... mich im Namen von Jesus Christus zu verlassen."

Danke Jesus, dass du mich befreit hast!

Bei Erbkrankheiten

Bete danach für körperliche Heilung.
Danke Jesus, dass er die Krankheit am
Kreuz trug und dass das Kind durch seine Wunden
geheilt ist.

Du kannst aussprechen...

„Danke, Jesus, dass du meine Krankheit

am Kreuz trugst. Durch deine Wunden

bin ich geheilt!"

Danke Jesus, dass du mich geheilt hast!

Kindern helfen, frei und geheilt zu bleiben

Denken wie Jesus, leben mit Jesus

Ein Freund von uns arbeitete an einem Ort, in dem Entführungen und Bombenanschläge Teil des Lebens sind. Unsere Kinder fragten ihn einmal, ob er sich Sorgen darüber mache, dort zu leben. „Ich weiß, wer ich in Christus bin. Gott hat mir die Autorität gegeben, meine Aufgaben zu erfüllen. Menschen haben weder Autorität über mich, noch kontrollieren sie mein Schicksal. Also, nein, ich mache mir keine Sorgen", antwortete er. Diese Aussage mag auf den ersten Blick unbedacht oder naiv klingen. Sie wurzelt tatsächlich in einem starken Verständnis der Identität und Autorität, die wir als Nachfolger Christi haben.

Kinder müssen nicht an abgelegene und gefährliche Orte reisen, um gefährdet zu sein. Wie wir gesehen haben, werden sie zu Hause genug verletzt und geistlichen Angriffen ausgesetzt. Wir haben in diesem Buch Einblicke und leistungsstarke Gebetswerkzeuge für die Behandlung von Problemen in jedem dieser Bereiche vorgestellt. Um jedoch frei zu bleiben und mit Jesus Schritt halten zu können, muss dein Kind auch Folgendes erkennen:

- Wer sie in Christus sind (Identität)
- Seine Autorität, basierend auf seiner Identität in Christus
- Wie man jeden Tag in der Kraft des Heiligen Geistes lebt

Identität

Es wird nachfolgend die Geschichte von einem geretteten Kondor- Küken erzählt: Es wächst in einem Hühnerstall eines Dorfes in den Anden auf. Eines Tages schwebt ein anderer Kondor über ihm und etwas in dem jungen Kondor beginnt sich zu bewegen. Er beginnt seine Flügel zu spreizen. Er erhebt sich vom Boden, höher und höher, bis er fliegt. Bald hat er den Hühnerstall, der so lange sein Zuhause war, weit hinter sich gelassen. Plötzlich macht alles Sinn. „Kein Wunder, dass ich nie das Gefühl hatte, dort hinzugehören", sagt er sich. „Ich war nie ein Huhn, das für den Kochtopf bestimmt war. Ich war die ganze Zeit ein Kondor, der zum Fliegen geboren wurde!"

Der Teufel wird alles tun, um Kinder davon abzuhalten, zu verstehen, wer sie in Christus sind. Er möchte, dass sie auf dem Boden „Körner picken". In Wirklichkeit sind sie Königskinder: geistlich lebendig in Gott, in direkter Beziehung mit ihm, ein Tempel des Heiligen Geistes, mit dem Geist Christi und allen Reichtümern des Himmels ausgestattet, bestimmt zum Fliegen!

Möglicherweise hatte dein Kind auf Grund der Situationen und Erfahrungen, von denen es geheilt und befreit wurde, begonnen, Lügen über sich selbst zu glauben. Sein Verstand muss lernen, seine Gedanken zu steuern. Die Bibel nennt diesen Prozess die Erneuerung unserer Denkweise (Römer 12,2). Wenn die Denkweise eines Kindes erneuert wird, gewöhnt es sich daran, zu denken und zu glauben, was Gott über es sagt statt die Lügen zu glauben, welche der Teufel ihm einzuflüstern versucht. Wähle relevante Schlüsselverse aus. Lerne sie auswendig und proklamiere sie.

Schlüsselverse zur Identität:

- Gott liebt mich (Johannes 3,16)
- Ich bin ein Kind Gottes (Johannes 1,12)
- Gott hat mir vergeben (1. Johannes 1,9)
- Christus lebt in mir (Galater 2,20)
- Nichts kann mich von der Liebe Gottes trennen (Römer 8,35-39)
- Gott beschützt mich (Psalm 144,2)
- Gott nimmt meine Angst weg (Psalm 34,5)
- Gott heilt mich (Psalm 103,3)
- Gott tröstet mich (Jesaja 57,18)
- Gott nimmt mich auf (Psalm 27,10)
- Gott ist für mich (Römer 8,31)
- Gott gibt mich niemals auf (5. Mose 4,31)
- Ich vermag alles durch Christus (Philipper 4,13)

Hinweis: Identität sollte nicht verwechselt werden mit den Gaben und der Berufung. Gott hat jedem Kind Gaben und Fähigkeiten gegeben, die oft mit dem zusammenhängen, was er für sein Leben vorbereitet hat (Berufung). Ein Kind braucht eine starke geistliche Identität, basierend auf Gottes Wort und dem, was er über es sagt, um seine Berufung zu erfüllen. Es muss aber auch herausfinden, wer es ist, was es kann und wo seine Interessen auf natürlicher, menschlicher Ebene liegen, indem es so viele verschiedene Aktivitäten und Fähigkeiten wie möglich ausprobiert.

Autorität

Ein Hausmeister, der für ein großes Gebäude verantwortlich ist, kann man normalerweise von weit her hören wegen dem Klimpern des großen Schlüsselbundes, welcher an seinem Gürtel hängt! Er braucht die Schlüssel, um Räume zu verschließen und sie aufzutun. In gleicher Weise hat uns Jesus wunderbare Schlüssel gegeben, um in seinem Reich Taten zu vollbringen: Er erklärte: *„Was du auf Erden binden wirst, das wird im Himmel gebunden sein"* (Matthäus 16,19). Lass dies für einen Moment auf dich wirken: Unser Wort hat so viel und Kraft und Autorität, dass wir tatsächlich etwas binden können. Ohne die Finger heben oder Kraft anwenden zu müssen.

Bring den Kindern nicht nur bei, den Namen Jesu zu gebrauchen, sondern lehre sie auch die folgenden Bibelstellen. Ermutige sie, diese in schwierigen Zeiten zu proklamieren:

- *„Keiner Waffe, die gegen dich geschmiedet wird, soll es gelingen."* (Jesaja 54,17a)
- *„...kein Unglück wird dir zustossen und keine Plage zu deinem Zelt sich nahen."* (Psalm 91,10)

Tägliches Anwenden unserer Identität und Autorität

Schon in jungen Jahren haben wir unseren Kindern ihre Autorität und Identität in Christus beigebracht. Wir haben ihnen gezeigt, wie sie in alltäglichen Situationen ihre Autorität ausüben können, wie im folgenden

Beispiel: Wenn unsere Jungen krank waren, brachten wir ihnen bei, dass sie direkt von Jesus befugt sind, die Krankheit in seinem Namen zu heilen. Wir ermutigten sie, für sich und andere um Heilung zu beten. Wenn ein dämonischer Geist in ihr Leben getreten war, zeigten wir ihnen, dass sie direkt von Jesus die Befugnis hatten, ihn auszutreiben (Markus 16). Wenn sie sich wegen Sünden, die sie bereits bekannt hatten, erneut schuldig fühlten, erinnerten wir sie daran, dass ihre Sünde aufgrund der Treue Gottes vergeben worden war (1. Johannes 1,9). Dies ermächtigte sie, frei und geheilt zu bleiben.

Wir haben unseren Jungs auch beigebracht, im natürlichen Bereich achtsam zu sein, während man sich auf den Schutz des Heiligen Geistes verlässt. Wir erklärten ihnen, dass der Heilige Geist uns vor Gefahren warnt und wir genau hinhören müssen. Er kann uns auffordern, einen Ort zu verlassen, auf die andere Straßenseite zu wechseln oder eine bestimmte Situation zu meiden. Wir teilten unsere eigenen Erfahrungen: Esther fuhr als Studentin in England einmal spät nachts mit dem Fahrrad nach Hause. Sie hatte plötzlich den Drang, in der Mitte der Strasse zu fahren und tat dies sofort. Als sie dann nach links schaute (in England gilt Linksverkehr), sah sie einen Mann genau an der Stelle stehen, an der sie vorbeigefahren, wäre sie weiterhin links geblieben. Sie wusste, dass der Heilige Geist sie gewarnt hatte und dankte Gott für seinen Schutz.

Immer wieder von Gott empfangen

Wenn ein Kind Jesus empfängt, lädt es den Geist Gottes in sein Leben ein und wird wiedergeboren. In Epheser 5,18 wird den Christen jedoch gesagt *„Werdet voll Geistes."* Die hier verwendeten griechischen Wörter implizieren einen andauernden Prozess. So wie sich ein Kind regelmäßig an einen Elternteil kuschelt, um Liebe, Trost und Wärme zu empfangen, um eine Geschichte zu hören, um über etwas zu sprechen oder einfach nur, weil es gerne mit den Eltern zusammen ist, können auch wir zum himmlischen Vater gehen und immer wieder neu von ihm seine Liebe empfangen. Dies ist nicht nur ein Schlüssel, um tiefere Heilung und Freiheit zu erlangen, sondern auch, um geheilt und frei zu bleiben und mit Jesus vorwärtszugehen.

Du kannst dein Kind ermutigen, weiterhin mit dem Heiligen Geist erfüllt zu sein, indem du einfach sagst:

„Lieber Gott, bitte erfüll mich neu mit deinem Heiligen Geist. Danke, dass du ihn mir gesandt hast!"

Ein tägliches Gebet, um Gott nahe zu bleiben

„Jesus Christus, danke, dass du mich liebst. Ich möchte heute in deiner Nähe bleiben! Ich möchte, dass du Herr bist über jeden Teil meines Lebens – worüber ich denke und was ich fühle. Ich möchte das tun, was dir gefällt. Ich mache dich zum Herrn meiner Besitztümer, meiner Freundschaften, meiner Schularbeiten, meiner Zukunft und meiner Vergangenheit. Ich möchte dir nachfolgen und dir gehorchen mit allem, was ich bin. Bitte hilf mir, heute in deiner Nähe zu bleiben. Amen."

Literaturverzeichnis und Literaturempfehlungen

Taylor, Albert und Elisabeth und David M. Taylor, *Innere Freiheit und Gesundheit: Einführung in den praktischen Heilungs-und Befreiungsdienst* dritte Ausgabe, 2019. Für weitere Informationen und Sprachen siehe folgenden Link: freeandhealed.com

Prince, Derek *Anleitung zum Befreiungsdienst an Kindern und Jugendlichen* Derek Prince Ministries Deutschland, siehe: ibl-dpm.de / derekprince.ch

Neufeld, Gordon und Gabor Maté *Unsere Kinder brauchen uns!: Die entscheidende Bedeutung der Kind-Eltern-Bindung* Genius Verlag Bremen, 2006

Englische Literatur:

Anderson, Neil T. and Pete and Sue Vander Hook *Spiritual Protection for Your Children: Helping Your Children and Family Find Their Identity, Freedom and Security in Christ*, Gospel Light, 1997

Banks, Bill *Deliverance for children and teens*, Impact Christian Books, Kirkwood, 1989

Gibson, Noel and Phyl *Deliver our Children from the Evil One* Sovereign World Tonbridge, 1992

Hammond, Frank and Ida Mae *A manual for children's deliverance* Impact Christian Books, Kirkwood, 1996

MacNutt, Francis and Judith *Praying for your unborn child*, Hodder and Stoughton, 2011 (Deutsche Ausgabe: *Beten für das ungeborene Kind*, Ernst Franz Verlag, vergriffen)

Über die Autoren

Daniel hat einen Master in Theology der Staatsunabhängigen Theologischen Hochschule Basel (STH). Weitere Studien am Trinity College in Bristol, einschließlich Eheberatung. Er wurde 1966 in Zürich geboren. Als er 8 Jahre alt war, bat er Jesus, in sein Leben zu kommen und wurde von unbeschreiblicher Freude erfüllt. Er bereute es nie.

Esther wurde 1973 in Kenia geboren und zog mit sieben Jahren nach England. Sie studierte Hispanistik und Afrikanistik an der Universität Birmingham und liess sich danach zur Mittelschullehrerin für moderne Sprachen ausbilden. Sie übergab als junges Mädchen ihr Leben Christus. Als sie 18 Jahre alt war, hatte sie eines Tages eine Vision von Jesus, der für sie am Kreuz starb. Dies veränderte ihr Leben zutiefst.

Daniel und Esther heirateten 1995. Dank der langjährigen Freundschaft ihrer Mütter hatten sie sich bereits den Grossteil ihres Lebens gekannt.

Von 1998 bis 2008 arbeiteten Daniel und Esther als Missionspartner in Nordargentinien. In dieser Zeit sammelten sie wertvolle Erfahrungen und Einblicke, um Kindern und Jugendlichen wirksam durch Heilung und Befreiung zu dienen. Sie organisierten eine Reihe von Heilungsveranstaltungen für Kinder und erlebten dramatische Veränderungen bei den Teilnehmern.

Ihre drei Söhne wurden in Salta, Argentinien, geboren. 2008 zog die Familie in die Schweiz, um den Kindern die Möglichkeit zu geben, sich in ihrer Heimatkultur zu verwurzeln und sich ausbilden zu lassen.

Daniel und Esther gründeten 2013 den Verein Bethesda Heilungsdienst um Menschen dabei zu helfen, in Christus emotional, geistlich und körperlich wiederhergestellt zu werden. Nach mehr als zwanzig Jahren des Betens für Heilung und Befreiung auf verschiedenen Kontinenten mit Menschen jeden Alters an unterschiedlichsten Orten sind sie mehr denn je davon überzeugt, dass Kinder Heilungs- und Befreiungsgebete brauchen.

Geistliche Werkzeuge für Kinder & Jugendliche

GEBETE BEI VERLETZUNGEN

1. Sage Jesus, was dich verletzt hat oder warum du dich traurig fühlst.

2. Bitte Jesus, deinen Schmerz zu heilen.
   (Lege deine Hand auf dein Herz während du dies tust).

3. Vergib der Person, die dich verletzt hat.
   (Balle deine Faust. Während du deine Faust öffnest, kannst du sagen: „Ich vergebe dir").

Du kannst sagen...

1. „**Hallo Jesus**! Ich fühle mich verletzt, weil... "

2. „**Bitte** Jesus, heile mein Herz."

3. „**Ich vergebe**... für was sie mir gesagt oder getan haben."

Danke Jesus, dass du meinen Schmerz geheilt hast!

GEBETE BEI FALSCHEN REAKTIONEN

1. Erzähle Jesus, wie du dich fühlst bezüglich dem, was geschehen ist.
   Sag ihm, dass du etwas Falsches gesagt oder getan hast, weil du verletzt wurdest.

2. Bitte Jesus, dir dafür zu vergeben, dass du an diesen Gefühlen festgehalten hast.
   Erkläre, dass es dir leid tut, dass du falsche Dinge gesagt oder getan hast.

3. Bitte Jesus, die schlechten Gefühle im Zusammenhang mit der Verletzung wegzunehmen.

Du kannst sagen...

1. „**Hallo Jesus!** Ich fühle mich... wegen... Ich habe gemacht/gesagt... weil ich mich verletzt fühlte."

2. „**Bitte** vergib mir, dass ich an diesen Gefühlen festgehalten und falsche Dinge gesagt oder getan habe."

3. „**Ich bitte** dich, das Gefühl ... wegzunehmen..."

Danke Jesus, dass du mir vergeben und diese Gefühle weggenommen hast!

GEBETE BEI SCHMERZHAFTEN ERINNERUNGEN

1. Bitte Jesus, dich zu einer schmerzhaften Erinnerung zurückzubringen.
   Warte ab und sehe, was dir in den Sinn kommt.
   Erlaube allen Gefühlen nach oben zu kommen, welche du damals gefühlt hast.

2. Bitte Jesus, in deine Erinnerung zu kommen.
   Spüre, was er tut oder dir sagt.
   Wie fühlst du dich dabei?

3. Vergib den Menschen, die dich verletzt haben.
   Bitte um Vergebung für deine Reaktionen auf die Verletzung.
   Nun denke nochmals an die schmerzvolle Erinnerung. Wie fühlst Du dich jetzt?

Du kannst sagen...

1. „**Hallo Jesus!** Bitte bring mich zurück zu... Ich bitte
   dich, diese schmerzvolle Erinnerung zu heilen."

2. „**Bitte Jesus,** komm in diese Erinnerung..."

3. „**Ich vergebe**... Ich bitte dich, mir zu vergeben für..."

Danke Jesus für die Heilung dieser Erinnerung!

DIE VERGEBUNGSGEBETE

1. Sage Jesus, dass es dir leid tut, was du getan, gesagt oder gefühlt hast.

2. Bitte Jesus, dir zu vergeben.

3. Bringe bei Bedarf die Situation mit anderen in Ordnung.

Du kannst sagen...

1. „**Hallo Jesus**! Es tut mir leid wegen ..."

2. „**Bitte** vergib mir."

3. „**Hilf mir,** die Dinge in Ordnung zu bringen, indem ich..."

Danke Jesus, dass du mir vergeben hast!

DIE BEFREIUNGSGEBETE

1. Sage Jesus, wovon du befreit werden möchtest.

2. Wenn es durch etwas hereingekommen ist, das dir jemand getan hat, vergib ihm. Wenn es deine Schuld ist, bitte Jesus, dir zu vergeben, dass du es in dein Leben hineingelassen hast.

3. Sag dem Ding, dass es im Namen von Jesus Christus gehen soll.

Du kannst sagen...

1. **„Hallo Jesus!** Ich möchte frei sein von ...“

2. **„Bitte** vergib mir ...“

3. **„Ich sage** ... im Namen Jesu Christi **wegzugehen**.“

Danke Jesus, dass du mich befreit hast!

Online-Informationen

- Aktuelle Kontaktinformationen für Partner
- Bestellung weiterer Kopien dieses Buches
- Seminar- und Workshopinfos
- Spendeninfos

Hat dir dieses Buch geholfen?

So kannst du „Das heilsame Zuhause" weitergeben:

- Empfiehl es deinen Freunden
- Schreibe eine Buchrezension
- Teile es in den Sozialen Medien

www.bethesda-heilungsdienst.ch